求龍堂選書

山崎弁栄

光明主義講話
大悲のことば

山崎弁栄 述
中井常次郎 記

求龍堂

山崎弁栄聖者

大正７年９月長岡市法蔵院にて

弁栄聖者御筆《三昧仏図》（慶運寺蔵・横浜）二祖笹本戒浄上人に賜りし一幅

弁栄聖者御筆《観音菩薩遊戯坐像》（個人蔵）

弁栄聖者御筆　御名号《おみょうごう》（個人蔵）

弁栄聖者御筆《洒水観音菩薩像》（個人蔵）

弁栄聖者御筆　御名号　（個人蔵）

山崎弁栄

光明主義講話　大悲のことば

山崎弁栄 述
中井常次郎 記

まえがき

本書は、浄土宗から出て「光明主義」という一派を起こされた山崎弁栄上人（一八五九〜一九二〇）が在家信者向けに平易に説かれた法話の記録を、このたび現代表記に改めて再編集したものである。原文の記述者は上人ご晩年の直弟子で、上人滅後京都大学講師の職を辞し郷里和歌山において南葵《なんき》光明会を創設された中井常次郎居士（法名中井弁常）、原典は同居士の著作『乳房のひととせ』（上下二巻、昭和十八年、無憂園刊。書名の意は信仰の赤ん坊が慈母の胸に抱かれて過ごした一年）に記載された上人法話録である。原著には法話録のほか弁栄上人に随行した思い出等が書かれているので、その中から印象的な話を十話選び、コラムとして配した。

弁栄上人は、上人を知る人々によって現代の釈尊と仰がれ、その創設になる「光明会」の内部では弁栄聖者と尊称されている。上人のご内証は深く、そのみ教えは修行者が相応の三昧心をもってはじめて覚《さと》るべきものであるが、幸いなことに上人は衆生教化《きょうげ》に捧げられたそのご生涯を通じ、一所不住の伝道行脚《あんぎゃ》の日々の中で、これまでの祖師方に例をみないほど膨大な量のご遺稿を書き残して下さっている。それらはやはり上人の直弟子であった田中木叉師（東京大学哲学科卒、元慶応義塾大学教授）が全国に資料を求め解読して編纂された定期刊行誌『ミオヤの光』（大正八年十一月〜昭和九年十二月）、および大部の『光明大系』に収録されており、いずれも現在単行本化されていて読むことができる。

しかし弁栄上人の生《なま》のご法話を直接記録したものは決して多くはない。中井居士は上人と初見ののち、上人のご遷化に至るまでの約一年間、大学の勤務を可能なかぎり調整しながら上人指導の別時念仏会に参加し、法話を書き留められた。最初自身が専攻する自然科学の立場より伝統仏教の教えに懐疑的であった氏が、上人の法話に接し驚きとともに仏教に開眼、信念が確立されていく様子は原著に詳しい。ここに紹介した講話録は、弁栄上人最後の一年間に記録された文字通りの金口《こんく》直説《じきせつ》であり、平明直截に仏教信仰の勘所《かんどころ》を伝授される思いがするとともに、上人の謦咳《けいがい》に接する臨場感を味わうことができるのが本書の最大の特色といえよう。

弁栄上人は講話の中でこう言われている。

「人生の目的は如来の光明を受けるにある。今の学者は自分たちが造るロウソクの光でなければ、光でないように思っている。それは迷いである」

学校教育が普及した現在、一般に真理の探究といえば学問の役割、学者の仕事であり、宗教は真理探究には直接かかわらないものだというのが大方の見方であろう。ふつう宗教の目的は真理追求ではなく幸福の追求だと思われているようである。じつは真理追求を第一とせずに幸福を追求すると、事実上煩悩の追求となり、これは仏教と方向が違うどころか方向が反対である。弁栄上人の教えの根幹にあるのは、宗教の目的は真理追求であって、正しい幸福は真理の本質的属性として真理に伴うものだということである。

「自分たちが造るロウソクの光」とは、進化の過程において現在の人類に顕われている五感と理性だけを唯一無二の認識機能だと誤認している学問研究の現状をさし、同時に、仏道修行というものが人類に潜在しているより高等な認識機能の開発を伴うものであることを示唆されたもの。本書が広く愛読されて、表面的でない、真正の仏教のすがたに接していただけることを願ってやまない。

今回の復刊は、原典の著者中井常次郎居士の後継者、南葵光明会代表役員・池田和夫（号＝常山）氏のご協力のもとに実現されました。多大なるご助力に対して深く感謝いたします。

令和二年三月

光明主義文献刊行会編集部

目次

出会い

中井 常次郎

初対面

「弁栄上人という世に秀でたる出家あり。常に仏を見奉り、そのみ声を聞き、みむねのままに、西に東に念仏を勧めて暇なきお方なり。参詣せぬか」と誘われたけれども、仏とは死後の世界の教主にて、今、我等人間に見える筈が無いといって、友の話に何の興味も覚えず、むしろ笑うべき迷信だとして取り合わなかった。けれども、かさねがさねの誘いに、ひじりとは、どんなお顔の持ち主かと、それが見たさに、大阪府下、三島郡豊川村の法蔵寺で、念仏三昧の導師をしていられた弁栄上人を訪ねる気になった。

恒村さんご夫婦と共に京都を発ったのが、大正八年九月三十日の朝であった。大阪駅にて中川弘道和尚と落ち合い、四人連れで、箕面より秋の野道を語りながら歩んだ。

寺に近づき、木魚の音が聞こえて来た時、困った処へ来たものだと、代々真宗の流れを汲む家の子と生まれ、他宗の行に加わるは、御開山上人にすまぬと、この時ばかりは逃げ帰りたくなった。けれども折角はるばる来たのだからと、兜の緒をしめ敵地に乗り込む心地して、寺の門をくぐった。

上人のお室に通され、しばし待つほどに、本堂での木魚の音はやみ、三礼の声も静まれば、ほどなく襖を開けて上人は、入って来られた。

頭を垂れて聖者に敬意を表していた自分は、上人のお顔を拝むことができなかったが、お裙《くん》のすそのさばきいとしとやかに我等の前にお坐りになったのを見ただけで、はや霊感に打たれた。恒村さんの問いに答えて、法を説く上人の御姿、何に譬えよう。三十余年、まだ一度も見たことの無いまごころのあふれ。

心の親を訪《たず》ねて幾代久しくさまよったであろう我、今ここに親にめぐりあいし思いして、したたるうれし涙のしづく、ひざをうるおした。

人は、すべて濃き薄き違いこそあれ、鉄面皮という皮をかぶり、自分勝手のふるまいをする。せめやそしりをはじく此の憎き皮のへだてが人の交わりに障りする。けれども、今この御方は、生まれたばかりの赤子の肌か羽化《かえ》りたてのとんぼうが、かよわき羽根を日に干しながら、そよ風にゆらるる、すがすがしき感じ。わが思いの全分が受け入れられ、心と心がじかに触れ合う心地がした。しかも仰ぎ見れば、ゆるぎなき御人格は、雲にそびゆる富士の高嶺の国々にまたがる如く、どっしりとした感じを与えるのであった。

友は何を尋ね、上人は何を説かれたのか、その長い話が何であったかを気づかぬほど、自分はひとり思いにうっとりとしていた。

上人はおひざを私の方に振り向けられて「中井さん、何か聞くことはありませんか」とお言葉をかけて下さった。けれども自分は聞くためで無く、見るために来たのだから「何もありません」と答えた。

上人は
「生きてましまます仏様が……。大宇宙そのままが……。今現に、ここに在《ま》しますす親様を……」

と言って、座布団をあとにして仏身論をお説き下さった。また信仰と念仏の心に就いて聞かせて下さった。それこそ自分は今まで聞きたいと願っていた信仰問題のおもな事柄であった。けれども、それらは今まで聞いたことのない新しい有難い説法であったから、たやすく受け入れ難く、大いに考えさせられた。

本堂ではまた木魚の音と念仏の声が盛んになった。私共も上人に続いて三昧道場に入り、一座のお話を聞かせて頂いた。

「卵の譬え」、「稲の譬え」、「べんとう食べて」のお話しなど、まことにその通りだと感心した。お別れに臨み「今日は十分の時なく、満足を与えることができず、お気の毒であった。また会う日を待たれよ。どうか心を宇宙と等しくするように」と言って、お十念を授けて下さった。

再会

その頃の私は釈尊を世界の三聖人の一人と認めていたけれども、仏と崇めることができなかった。だから私が釈迦の批評をすると、父は「勿体ない。地獄に落ちようぞ」と言って、私と宗教の話をするのを避けられた。

老いたる父が生きている間に、いつわりなく、お釈迦様は仏様だと、ひとこと言いたいものだ。これが父への最大の孝行だと思っていた。

それで、誰か釈尊のえらさを聞かせてくれる人はあるまいかと、常に良き師を求めていた。中川弘道師に会ったのを幸い、「釈迦は仏陀なりや」と尋ねてみた。「然り」と答えられたのは言うまでもない。「然らば、釈迦は知らざるなく、能わざるなきはずである。今、もし数学、物理、化学や医学などに関し現代の大家と知識を競わば、何れにうちわが揚《あ》がるであろうか」と問い返した。

本山の名高い説教師、機関銃と称えられた能弁家も、これには口を開かなかった。問答は預かりとなった。師が九州の帰りがけに、広島で御布教中の弁栄上人に、このことを告げ、私を済度してやって頂きたいと頼まれたことを後で聞いた。

それがために、上人は十月二十一日（大正八年）に京都を通るから、一寸立ち寄るとのお知らせを下さった。

われら京都の信者たちは、その日を待ちこがれて、上人をお迎え申した。

これは私が上人への二度目のおめもじであった。授業中、電話で「ただ今、上人はおつきになった。ちょっと立ち寄られたのだから、すぐ来るように」と知らされるや否や、私は休講を告げ、上人のみ許《もと》へと駆けつけた。そして道すがら考えた。

上人は有難い方であるが、もし時代遅れのことを言うようならば、師匠と仰ぐねうちが無い。一つ試してみよう。それには、今日、学問上確定していることについて聞いてみることだ。何が良いか。もし、文字通り極楽は西に在ると言わば、二の句を言わず引き上げようと思った。それに対する上人のお答えはこうであった。

「仏説は、どんな人でも信仰に入れるように、人に応じ、神話的に、歴史的に、感情的（救済的）に、論理的に、実感的に説かれてある。それ故、誰でも自分に応《ふさわ》しい教えに依れば信仰に入ることができます。

西方浄土の説についても、お釈迦様の時代に、昔から西の方に結構な世界があると言い伝えられていたから、西と言ったばかりで、人々は結構を思い浮かべるという有り様であった。それで、お釈迦様が心眼《しんげん》をもっていつも見ておられる浄土の結構を知らしめるために、西方に浄土があると言って連想させたのである。極楽は西に限ったことはない。仏眼をもって見れば、ここも浄土である。また法蔵菩薩が四十八願を発《おこ》し、修行の結果、阿弥陀様になったというのは神話である。仏教にも神話が沢山ある。文字のままではいけない。経文の精神をとらねばならぬ。

意識眠って一夜の夢、アラヤ眠って生死の夢。凡夫はアラヤ識という研かぬ珠で世界を見ている。アラヤの眠りから醒めると仏智となる。即ち覚者となる。吾々は仏と成る種を持っている。それを育て、研き上ぐればよいのである。浄土は想像即実現の世界、思いのままになる処である。かくなるには、至心に念仏せねばなりません」

と教えてくださった。何という驚くべき説法であろう。西方浄土の説といい、法蔵菩薩の神話説といい、自分は今まで、こんな、すばらしい合理的な、新しい説を聞いたことがない。この方にこそ道を聞くべきだと、深く上人を信ずるようになった。

汽車の時刻がせまって来た。それで、お釈迦様は仏だというお話を承らずに、お別れとなった。

【誌上問答】永遠の生命と生死解脱について

『ミオヤのひかり』大正九年一月号と二月号に掲載された弁栄上人の中井常次郎氏質問に対するお答え

問い　その一、永遠の生命

（イ）人の心が行為に現われ、それが永遠に伝わることでしょうか。ちょうど、鏡のような池の面に、石を投げた時、波紋が遠くへ拡がり、次第に波がゆるやかになり、終にわからなくなるような有り様を言うのでしょうか。

（ロ）大自然は永久に活動するものとすれば、吾等はその一員なれば、自分が死んでも、全体としての活動が止まぬから、永生《ようしょう》だと言うのでしょうか。

（ハ）肉体は死んでも、心は死なず、自分という思いが消えずに極楽に生まれ永遠の生命と成るのでしょうか。

答え

（イ）（ロ）（ハ）の三義は何れも理論としては意義あり、哲学として価値あるも、実際の精神生活の上に価値なし。今は宗教意識の上に永生を自覚し、光明生活となることを明かす。

仏教の終極目的は永遠の生命と常恒《じょうごう》の平和である。これを涅槃という。宇宙の本体は無始無終の霊体である。衆生《しゅじょう》はこの本体の分身である。本体を知らず、分身なる個体即ち小我を我なりと思うのが迷いの衆生である。この思い違いが素《もと》となって生死《しょうじ》を繰り返すのである。小我を滅して、真空無我の真如を悟れば、小乗の聖者即ち羅漢である。肉体を持ちながら永遠の生命を悟ったのを有余《うよ》涅槃という。即ち心は永生の平和を感ずるが、肉体は未だ自然界の法則に縛られている。かかる聖者が死ねば無余涅槃に入る。

大乗の涅槃は、自己の本体を悟り、個性を滅ぼさず、凡夫の如く小我に囚われず、大我即ち宇宙精神の徳を身に顕わして一切衆生を救い、煩悩を無くし、一切の真理を知り、本体は常楽我浄の四徳円満なる浄土に在りて、娑婆の衆生を救うのを永生という。

光明主義の永遠の生命はこうである。われらは総て大ミオヤ［御親］の子である。今はそのミオヤが明らかに解《わか》らぬが、ミオヤの智慧と慈悲との光明に育てられる時は、心が生まれ更《かわ》り、ミオヤの子なることが、はっきり解る。その時、永遠の生命を得たというのである。かくなれば、身は娑婆に在れども、心は大光明中に無上の光栄と幸福とを味わうことができる。身は昔に変わらず、寒さ暑さ、飢えや渇きを感ずるから、応分の務めをして、身を賄《まかな》わねばならぬが、肉体の死とともに、心はミオヤの許《もと》に帰り、一切の聖《きよ》き同胞と共に極楽の生活となる。これを永遠の生命という。

問い　その二、生死解脱

（イ）修養の結果、犠牲的精神が高まり、人の為に、どんなつらさをも忍び、恐れず立ち向かい、逃げ隠れせぬ心持ちになったのを生死解脱《しょうじ》と言うのでしょうか。
（ロ）この身が死んで元素にかえるとも、心は極楽に生まれて永遠の生命を獲て生死を解脱することでしょうか。

答え

仏教に解脱主義と救済主義と光明摂化主義とあり。

解脱主義

大小乗に亘り、衆生には消極的に除かなければならぬ惑と業《ごう》と苦の悪質あり。積極的に開発すべき霊性あり。悪質を除くために戒定慧《かいじょうえ》の三学を修め、霊性を顕わすのが大小の聖道門《しょうどうもん》である。

救済主義

吾等は無明罪悪生死の凡夫である。自ら解脱の道を知らず、仏の救いを求むる外なし、即ち如来を信ずれば、永遠に救われる。救われた上は、自分のはからいを交えず、ひたすらお任せすべきである。地獄一定《いちじょう》の自分が如来に助けられることなれば、あなたの御計らいに任す外なしという信仰。

光明摂化主義（前の二主義を摂す）

一切衆生は大ミオヤより受けた霊性と、人間の親より受けた煩悩との両性を持っている。霊性あれども卵の如く、温めなければ活動を始めぬ。人の子として生まれた吾々は、無智、罪悪、汚れ、苦悩ばかりである。霊性を育て、煩悩を霊化せねば、永遠に暗《やみ》の生活から逃れることができない。この暗の生活をのがれ、永遠の生命と円満なる人格とを得るには、ミオヤの光に育てられねばならぬ。

衆生は大ミオヤを信楽《しんぎょう》して、一心に念仏すれば、ミオヤの光に照らされて霊性は生まれ、信心開発となる。経［無量寿経］に「三垢《さんく》消滅、身意柔軟《にゅうなん》」と明かし給うは、光明に摂化せられた姿である。光明を獲得《ぎゃくとく》せば如来のみむねが生活の上に現われて来る。この人、命終わらば、ミオヤの許に到り、永遠の幸《さち》と栄えの中に霊的活動をなす。これを生死解脱という。

山崎弁栄上人講話録

【その一】横浜久保山の光明寺での講話

（大正九年一月二十一日〜二十七日）

自分（中井常次郎）は高等学校の入学試験に苦戦して以来、神経衰弱で、そのため記憶力が弱く、あたら説教を忘れては惜しいと思い、常に弁栄上人のお言葉を書き留め、もって後日に備えた。それが今、貴重なかたみとなっている。

二十一日（大正九年一月、横浜別時の説教筆記）

題「念仏三昧を宗となし、往生浄土を体となす」

大乗仏教は心を主とする。心が先で、身は後である。私共は今、未来の種を作りつつ暮らしている。犬の如き心で日暮らしをするならば、来世は犬になる。毎日の暮らしは鋳型を作っているようなものだ。心は溶かされた地金《じがね》に当たり、生活は鋳型に当たる。念々の修養は大切である。人の心に賢愚利鈍あるは、地金に金銀銅鉄の別あるようなものだ。それで一生の間に、毎日造った型に相応した像ができ上がるのである。

常に仏になりたいと念ずれば、心は仏の型に鋳込まれる。念仏三昧とは、ほとけ念《おも》いの心を常とし、仏と自分とを一つにすることである。口に仏名を称えても、心が仏を離れては念仏三昧でない。念仏中に悪い思いを起こせば、悪人になる。良くないことを考えながら念仏のまねをしてはいけません。

念仏三昧の時、人の感情は高まる。一心に念仏せよ。良い酒を造るには、純な種を用いねばならぬように、純な心で、一心に念仏せよ。一念の念仏は、一念の仏、念々の念仏は、念々の仏。六道の心も、専ら念仏すれば、仏の光明中に生まれ、身の終わりには、心に相応した菩薩として浄土に生まれる。

一心に念仏していると、我が心は仏心《ぶっしん》に負けて、仏心となる。暗《やみ》は光に負けるように。今までは動物的に生きていたものが、念仏により、光明中の人となる。如来にはかくの如く、人の心を変化させる力がある。光明中に在る者は、往生の姿である。

夜のお話

題「ほとけ念いの心について」

称名《しょうみょう》の音声に功徳があるのではない。称名念仏とは、み名を称《とな》えて救いを求めることである。柿の渋いのは、甘くなる道中である。不完全は、完全になる道中である。

『観念法門』〔善導著〕に、観仏、念仏、別時念仏の勤め方、懺悔の心得の四段あり。観仏は観無量寿経に説かれてあるむつかしい方法である。その中の思惟《しゆい》ということは、心を整え、相手を自分の心に取り入れる工夫である。これができると正受《しょうじゅ》即ち三昧を得る。

思惟とは雑念を去ることである。これができない間は、三昧に入れない。三昧は初め、一部分から入り、次第に全体に及ぶ。昔は三昧に入りやすかったということである。

別時念仏を勤めると、信仰が活きて来る。理論ばかり聞いていては、活きた信仰にならぬ。俵の中の米は生活力を持っているけれども、水田の米のように活きていない。子供は母の胎内で大きくなり、十分育てば胎外に出されて養われる。

阿弥陀様の御徳を聞きながら、名号を称える時代を資料位《しりょうい》という。米俵の中の米や、胎児のような信仰である。まだ活動的でない。種を選んで蒔《ま》きつける時代である。種に相当した草木ができるように、信仰でも真空真如の理を聞き、それが実現すれば羅漢《らかん》である。

信仰の無い人は、暗《やみ》の生活である。生まれぬ前も、死の後も知らぬ。分《わ》からぬ。毎日煩悩を起こし、業《ごう》を作り、生死《しょうじ》を繰り返す。この十二因縁の理を聞き、真空無我になれば、煩悩が無くなり、生死を解脱する。

人間は仏法を聞くことのできる心即ち仏の種が育つ心田地《しんでんんち》を持っている。四諦《したい》、十二因縁《じゅうにいんねん》の種を蒔けば羅漢という実を結ぶ。豆の種は杉や桧《ひのき》の実に比べて大きいけれども、杉や桧のように大木にならぬ。念仏は杉や桧の実のように小さく、何でもないようであるが、仏という大木になる。

仏の話を聞けば、そのあらましが解《わ》かる。念仏して信仰が進めば、だんだん、はっきりと仏様が解って来る。自分を主としては、いけない。仏様は本尊であって、自分は従である。南無は自分、阿弥陀仏は本尊である。極楽には悪が無いから、そこでは阿弥陀様を忘れても悪道におちる心配は無いが、娑婆《しゃば》では悪が充ちているから、油断できない。ここは恐ろしい世界である。

初めは、仏の御姿は拝めない。それでよい。心に帰命《きみょう》の思いが起こればよい。南無阿弥陀仏と称《とな》えて、帰命すれば、仏様は我が心に宿って下さる。

資料位の信仰で、素養を作り、加行位《けぎょう》で一心に念仏を励めば、次第に信仰は進み、蒔いた種が、光明に照らされ、芽生えて来る。これを信仰の喚起位という。次に見道位《けんどう》といって、活動的信仰となり、仏作仏行《ぶっさぶつぎょう》の体現位に進む。

二十二日

個性は滅びない。個人となっている間に作った業《ごう》をもって死し、生死に流転する。声聞《しょうもん》は小我を滅ぼして、宇宙精神と合一するを目的とする。その目的を達したのが羅漢である。羅漢は小我を滅ぼして、生死を解脱しているけれども、真如の徳を顕《あらわ》すことができない。大乗の教えは、心を宇宙精神と合一せしめ、個性を仏にまで向上させ、仏陀としての働きをなさしめる。これを菩薩という。菩薩に五十一段の階位がある。声聞は個性を真空にし、無能にする。菩薩は仏の徳を体現する。

父病気の電報に接し、帰郷せしため、以下筆記を欠く。幸いにも、後年、日高居士が、私の不在中に筆記されたものを、発表されたものがあるから、それを次に記す。

人間の肉眼は動物の眼と同じである。この眼だけではいかぬ。知識の眼が開かぬといかぬ。知識の眼だけではいかぬ。信仰の眼が開かねばならぬ。釈迦如来が出世せられて、信仰の眼を開く法を説かれた。

子供が乳を飲んでいると、親の顔が見えるように育つ。生まれた初めは、眼が開いているけれども、親の顔が見えない。信仰も、これと同じである。人々は霊性を持っているけれども、そのままにしておいては、現われない。信仰によって育てなくては、霊性は現われぬ。仏性《ぶっしょう》は卵の如く、温めねば孵《かえ》らぬ。天の親様を一心に信仰すれば、仏性は立派に孵る。弘法大師［空海、七七四〜八三五］の歌に

空海の心の中《うち》に咲く花は弥陀より外《ほか》に知る人はなし

信仰により咲ける霊性の花は、弥陀より外に知る人はないということである。このうま味は信仰の無い人には解らない。卵でも、ひなどりとなれば、親鳥のあとをつけて歩む。卵のままでは、ついて来ぬ。人も信仰に入り、霊性の眼を開《あ》けて頂けば、大ミオヤの有り難さが知れてくる。そして親のあとを従《つ》いて行くようになる。

南無阿弥陀仏と言うは、ひなどりが親鳥のあとを従いて行くようなものである。信仰により、永生《ようしょう》の霊が生きて来る。人間は形ばかりを自分と思うから、先が闇で淋しい。卵は、温め

ずにおけば腐る。信仰により、仏性がひなどりとなれば、卵の殻《から》のようなこの身から抜け出る。早くこの殻の身から抜け出て、殻に執着なき仏性のひなどりとならねばならぬ。観世音菩薩や文殊菩薩などいう「薩」は信仰なき凡夫の心である。信心ができ、大ミオヤの心が幾分でもうつれば菩薩である。菩薩にも色々あって、月に譬《たと》うれば、太陽の光を少しも受けぬのが、無信仰の人即ち新月である。少し光を受けると三日月となる。観音菩薩は十四日の夜の月の如く、諸仏は満月に当たる。観音様は、私共に、信仰すればこのようになるぞと、手本を見せて下さっている。観音様の宝冠に、仏様の御像を安置しているのは、心にいつも阿弥陀様を頂いていることを示す。

弥陀の光明を得れば、誰も、かくなれるのである。観音様のやさしい、お慈悲に満ちたお顔は、心の徳即ち心の相を表わしたものである。入信の初めは、赤子のようであるが、次第にミオヤの光を受けて育てられ、観音様のようになる。観音様は、私共信仰の人の大兄様でいらっしゃる。

私共の肉体は太陽の光によって生かされ、精神は弥陀の光明によって活かされる。釈迦如来は、この光明を私共に知らしめんがために出世なされたのである。お釈迦様は八十歳で、おなくなりなされたが、真のお釈迦様は阿弥陀様である。私共の心の親様は阿弥陀様である。それが信じられ、霊が活きて来れば、死ぬものでないことが解って来る。身が死ぬから、それが解らない。身は大切であるが、中味を保つための殻《から》である。中味は霊魂である。この殻の身を借りている間に霊魂がひなどりとならねばならぬ。

念仏の念の字は二人の心からなる。仏は心の親様。その親様が、いつも心にかかって忘れられぬのが念仏である。凡夫の心は煩悩である。自分勝手で、慈悲が無い。炭《すみ》のように真黒である。炭に火がつけば赤くなる。冷たい炭が熱くなる。一心に念仏すれば、親様の智慧と慈悲が、われらが煩悩の炭のような心に燃えつく。そうなれば、何となく有り難く、楽しくなる。仏の御名《みな》を称えて念仏するのは、火をうちわで煽《あお》るようなものである。扇《あお》げば、扇ぐほど火が燃盛んになるように、至心不断に念仏すれば、如来の光明は心に燃え盛る。炭の無い処に火は燃えつかぬ。如来のお慈悲も、私共の煩悩の心に燃えつくのである。炭に火がつけば、火になる。炭と火が一つになる。炭だけでは冷たいけれども、火が燃えつけば、それに手をかざせば暖かくてよい気持がする。心に如来の光明が燃えつくと、心が温かく、楽しくなる。人に同情する心となり、如来様と親しくなる。

英国のエリザベス女王［一五三三～一六〇三］は「もし霊魂を失わば、五大州を獲《う》るとも、何かせん」と言ったそうである。霊魂を失うとは、死ぬことをいうのではない。人間に生まれた真意を知らぬことである。信仰により、心の珠《たま》を研《みが》かぬと、何のために、この世に生まれ出たかが解らぬ。ただ食べて生きるだけならば、犬猫と変わらぬ。人間は信仰により、霊にめざめ、大ミオヤの御許《みもと》へ帰る資格を造らねばならぬ。学校へ行くのは、弁当を食べるためではない。勉強して知識をつけるためである。人間という学校で、八十年の間、毎日弁当を食べて、親様のお恵みを喜び過ごすばかりではいけない。心に研きをかけねばならぬ。ただ食べて遊ぶばかりではいけない。人間学校の教師は、お釈迦様である。教えを受けて、立派に卒業せねばならぬ。自分の心が真暗《まっくら》で、汚れていては落第である。草花の種を蒔いて、花を咲かすには、一朝一夕でいかぬ。信仰も同様である。急に心の花が咲くものでない。常恒《じょうごう》不断に念仏して、お育てを被らねばならぬ。

次の日のお話

如来様から頂いた最も大切なものは霊性である。与えられた命の時間を如来の思し召しに叶うように、有益に使えば三世諸仏のように尊い仏となる。善導大師［六一三～六八一］のお言葉に「仰ぎ奉る、一切諸仏も自分も、過去では同じ凡夫であったろう。しかるに自分は今賎《いや》しい身分である。諸仏は悟りを開き、人々を救っておらるるに、自分は凡夫である。恥ずかしい」と。諸仏は与えられた時間を光明の中に正しく使ったから、仏となったのである。われは暗中に暮らしたから六道に輪廻している。されば命の時間を光明に向かって使うか、如来にそむいて、暗《やみ》の暮らしをするかで、仏と凡夫とに分かれるのである。不断に念仏せば、次第に仏の徳が移って来る。

向下《こうげ》心で働くについて

食うために働くのか、働くために食うのか。ただ食うためならば、詐欺をして食ってもよい。盗んで食っても腹はふくれる。食いさえすればよい。働くために食うのは、如来の子として、光明の中に生活させて頂くためである。だから不正なことはできない。

心の衣食住について

肉体に衣食住の必要あるように、心の上にも、これが必要である。信仰の人となれば、如来より、清浄《しょうじょう》無垢の衣、法喜禅悦《ぜんねつ》の食、光明心殿の住居が与えられる。生まれたばかりの赤子は、母の懐《ふところ》に住みながら、それを知らぬ。少し大きくなれば、赤い衣を着せられて喜ぶ。信仰も赤子の時代は、乳や衣を喜び、活き働くことを知らぬ。

信仰に入り、念仏三昧を相続すれば、次第に心が育てられる。このお育てを受けなければ、たとい肉体は生きていても、霊性は活きて来ぬ。霊性の活きて来ぬ間は、日々の所作、皆、三《さん》途《ず》の業である。悪道におつることをして暮らす。如来光明中の生活となり、永遠に活きる方に信仰心が発達すれば、法喜禅悦の妙味を感じ、日々の仕事が、如来の御心《みこころ》に叶うようになる。

人が赤子の時から、一人前に働けるようになるまでは、ずいぶんながい年月がかかるけれども、信仰の方は、如来のみ恵みを受けさえすれば、信仰の力を現わす。受けたお慈悲の力が、日々の仕事の上に現われる。

如来はいつも我々の日常の所作を見ておられる。毎日の仕事は、ミオヤの試験である。それを人々は知らない。一心に念仏すれば、禅悦の食が頂け、平生も法喜が頂ける。平素、心にうまみを頂くのは、身を丈夫にして働くためである。念仏三昧も、法喜禅悦を味わうばかりではいけない。よく働かねばならぬ。健全な信仰を得れば、立派な働きができるようになる。安心《あんじん》が悪ければ、夢の中でも、寝ながら罪を造る。

宇宙は、そのまま一つの大きな家庭である。如来は智慧の父、慈悲の母である。人間は皆、兄弟。その教師はお釈迦様である。お釈迦様は私共の手本である。

如来の霊応《れいおう》は電気のようなものである。信仰の機械が悪いと、電気を送っても働かぬ。菩薩は如来の電気を受けて働く機械である。

慈悲は道徳の根本。仁義礼智信の中で仁が第一である。如来の慈悲を得て、以前の自分を省みれば、生まれ更《かわ》ったようである。信仰に入らぬ前は、物が苦になり、腹が立つ。しかるに、一心に念仏すれば、解脱《げだつ》して、苦が無くなる。人間は知識があるから苦を感ずる。知者ほど煩《はん》悶《もん》が多い。如来の光明は、一切の煩悩を解脱、霊化し、苦を抜き、真実称名楽《しょうみょうらく》という歓びを与えて下さる。称名楽を感ずると、慈悲心を感ずるようになる。

金をもって施す慈悲は、金に不足せぬ人に慈悲の施しようはない。金のある人でも、煩悶を持たぬ人はない。その煩悩を抜いてやるのが、大なる慈悲である。

ある有名な信者と同行した人の話に、道端にとげ草がとげを向けていた。人間から見れば、槍を向けているようなものである。信者はとげに向かい、兄弟よという心持で、邪魔にならぬ処へ、それを向けて置いた。こちらがすなおにすれば、害を受けぬ。足で蹴れば、かえって害を受ける。あらゆる徳の中で、慈悲は第一である。仏心とは大慈悲是《これ》なり。如来の無縁大悲は、太陽の光の如く、こちらに受ける力が無ければ、受けられぬ。太陽は何百万石の米をも作る光と熱を与えているけれども、人は田を作らねば米が獲られぬ。如来の大慈悲には、一切を化益《けやく》する増上縁の力がある。そのお慈悲に同化されようと念ずる人のために、如来は無限の力を与え給う。

（以上、日高居士の筆記より）

二十六日の夜、上人のお室にて

「きよきみ国」のお歌に「日々に六度《むたび》の花の雨」ということがありますがと尋ねたら、上人は次のようにお答え下さった。

阿弥陀経に説かれてある浄土は真実である。三昧が進むと、華の雨が降る。この世の花とは、少し違う。

三昧に入れぬのは、心が汚れているからだ。念仏により、心が浄化されると、浄土や仏様が見えて来る。信仰の進むに連れて、如来は限りなく大きく現われる。

二十七日

娑婆で生死を繰り返すのが、信仰界での流産である。胎内で犬の形であるならば、外に出ても犬である。人もこの世で、犬のような心を持って暮らすならば、死ねば犬に生まれる。自分が極楽に往生すると、きめていても、それはだめである。この世から、仏子の自覚ができ、仏子として生きねば、往生はできない。信仰が進み、浄土に生まれる種が熟したのを、業事成弁《ごうじじょうべん》という。老いて気が短くなったり、愚痴っぽくなるのは、餓鬼に生まれる種が熟したのである。

中井常次郎の聖者随行記（1）

礼拝儀は一切経をつづめたもの

久保山の別時が終わった。自分は午後、奥村弁戒さんと連れだって弁栄上人のお供をして当麻山へ向かい、横浜を立った。東神奈川駅で二時間ばかり、八王子行きの汽車を待つ間、上人は仏教の教理を礼拝儀［朝夕拝誦の聖典］によって話して下さった。礼拝儀は一切経をつづめたものであるといって、ありがたいお話があった。

やっと汽車に乗った。上人は私にこんなことを聞かれた。

「汽車にひどく揺れるのと、さほど揺れないのとがあるが、どこが違うのか」と。その道の者と見れば、何事によらず尋ねて知識を広めんとするお心がけに感服した。

寺に着いた。その夜、自分は上人のお側でやすませていただいた。弁信、弁道の二人の小僧さんが上人のお夜具の風穴を塞ぎ回る。私にも同じように気をつけてくれた。

私は挨拶を忘れて床に入ったから、床の中で頭を下げると、上人は夜具の中からお慈悲あふるる御まなこを輝かせ、この信仰の赤ん坊を見ていて下さる。そしてこうおっしゃった。

「あなたは法蔵寺で霊感に打たれたようであったが、今、だいぶん顔はやさしくなりました」

【その二】当麻山無量光寺での授戒会《じゅかいえ》の講話

心田地は法身《ほっしん》より受けたもので、因果の理によってできる。この心田地に、悪い種を蒔かぬように、仏戒を受けるのである。五戒即ち仁、義、礼、智、信を守れば、人間に生まれ、十善戒即ち不殺生《せっしょう》、不偸盗《ちゅうとう》、不邪淫《じゃいん》、不妄語《もうご》、不綺語《きご》、不悪口《あっく》、不両舌《りょうぜつ》、不貪欲《とんよく》、不瞋恚《しんに》、不邪見を守れば天上界に生まれる。四諦《したい》、十二因縁を悟れば声聞、縁覚となる。今は仏道の幹《みき》である菩薩戒を説く。他は枝である。

法身は一切万物の産みのミオヤにて、報身《ほうしん》は信仰により心霊を育て給う育てのミオヤである。また、応身は我等に成仏の道を説き給う教えのミオヤである。法身より受けた心を完全円満に育て給うのが報身仏にて、この理を応身仏なるお釈迦様が我等に教えて下さったのである。

今から菩薩戒を授ける。仏に成る種蒔《ま》きをするのである。

一、一切の罪を造らず。（摂律儀戒《しょうりつぎかい》）

二、一切の善をなす。（摂善法戒《しょうぜんほうかい》）

三、一切衆生を利益《りやく》す。（饒益有情戒《にょうやくうじょうかい》）

この三つを菩薩戒という。一つにまとめたのを一乗仏性戒《いちじょうぶつしょうかい》という。結果は同じであるが、信ずると、守るとの二つの方面から菩薩になる。戒を受けるのは、念仏の徳を全うするためである。受けた戒は、皆守ることができないけれども、できるだけ守ればよい。戒を一度保てば、一度だけの利益《りやく》がある。

戒を受ける時、心を清らかにせよ。然らずば、消えやすい。菩薩戒を金剛法戒ともいう。この戒は完全円満なる仏となること、即ち物の中で最も貴いダイヤモンドに成る戒であることを意味する。戒を授ける人を伝灯師という。人の心のロウソクに信仰の火をつける役である。火がつけば、発得《ほっとく》したのである。戒を全部受け入れ、力に応じて、一部分ずつでも、努めて実行することを全受分持《ぜんじゅぶんじ》という。

人の心に、三種の業障《ごっしょう》あり。その中で、黒障というは、如来の光明中に在りながら、その光明が少しも見えない心の汚れである。次に黄障は、師友知識の導きにより、信仰に入り、前途に光明を認めたる状態である。白障とは信仰が進み、三垢《さんく》消滅、心意柔軟《にゅうなん》の光益を被り、障子《しょうじ》を隔てて月を見る如き障《さわ》りをいう。これらの障りを除くためには、一心に懺悔《さんげ》せねばならぬ。懺悔に上品《じょうぼん》、中品《ちゅうぼん》、下品《げぼん》の三通りがある。上品の懺悔は、血の涙を流し、全身八万四千の毛孔から血を流して懺悔すること。中品の懺悔は、血の涙を流し、全身から汗を流して懺悔すること。下品の懺悔は、全身より汗を流して懺悔することである。これらの懺悔により、業障は次第に薄らぐのである。

世尊は一切の心ある者に、この戒を受けよと仰せられた。三聚《じゅ》浄戒は、信仰の方面より見れば、南無阿弥陀仏である。聖武天皇［七〇一～七五六］は御頭《おつむり》を丸められて、「自分は帝位にあれど、天の親様に選ばれて、如来の使命を務められるようになったのは、この上もない幸福である」とお悦び遊ばされたということである。わが国では、昔から天子様で僧になられた方は三十八人あらせられる。皇族で僧になられた方は四百人余りおありになる。

一切衆生は悉く仏性《ぶっしょう》を持っている。我等は、もともと仏の子であるが、卵のようである。卵をそのまま捨てておいてはひ、な、ど、りとならぬ。人間は肉にばかり生きていては、生死《しょうじ》の夢から醒めることができない。この戒を受けて、仏に成る種蒔きをせねばならぬ。

一切の罪悪は、大ミオヤから受けたものを正しく使わないから起こる。凡夫はミオヤの心を知らず、心が暗い。それで、あやまちをする。戒を受けると、正しい道がわかって来る。一休和尚［宗純、一三九四～一四八一］が詠んだという歌に

やみの夜に鳴かぬ烏《からす》の声きけば　生まれぬさきの父ぞ恋しき

というのがある。烏とは経文《きょうもん》の黒い字のこと、生まれぬさきの父とは、阿弥陀様のことであ

る。歌の心はお経を読んで、お浄土のことを思えば、阿弥陀様は恋しいというのである。

三聚浄戒は父の憲法であって、神聖、正義に当たり、念仏は母の愛にて、恩寵に当たる。我等の本性は法身より受けたものであるが、罪のために、報身の如来に遇《あ》われない。儒教では、本性を明徳《めいとく》と言っている。

大ミオヤは報身仏である。我等は徳なく、心は空《から》である。報身仏より徳を受けて円満になる。この徳を無漏《むろ》善という。これに対して、娑婆《しゃば》の善を有漏《うろ》善という。有漏善は、ロウソクの如く、消えて、再び用いられない。

大ミオヤの子として、我々は皆、兄弟である。人を他人と思わぬ故に、人からも慕われる。信仰が進めば、他人が少なくなる。

南無と申して、自分の汚れた心を如来様にささげると、その代わりに徳を与えて下さる。徳《とく》本《ほん》上人〔一七五八?〜一八一八〕は

鬼も蛇も皆出よでよとせめ出して　住ませておけよ阿弥陀ほとけを

と歌われた。

良心は人の行為を正しく導き、悪い心をとがめる大切なものであるが、未だ信頼するに足らぬ。良心に絶対的価値なし。良心は、風俗や習慣により異なるものである。印度人は片はだを

露《あら》わして恭礼《きょうらい》し、西洋人は乳房を見せるのを恥じる。

正見《しょうけん》は絶対的に信用できるものである。正見の持主を覚者という。如来は何故、我等を完全なものとして生んでくれなかったか。それは可愛い子に旅をさせよ、という親心からである。苦しみが大なれば、楽しみもまた大きい。

この世界で、心を磨くのである。極楽には悪が無いから、修行がしにくい。それで、裟婆の一日一夜の修行は、極楽で百歳するにまさると経［無量寿経］に出ている。

天の月日も、地の草木も皆、仏戒を守っている。人体の諸機関もこの戒を守らねば不幸になる。太陽が怠け者のように遊び、規則正しく働かぬならば、米が定期にできず、生物は困るであろう。

一、摂律儀戒《しょうりつぎかい》。これに十重禁戒《ごんかい》あり。

威儀戒というは行住坐臥に姿勢を正しくすることである。極楽に生まれて菩薩になれば、八万四千の威儀が保たれる。これらを犯しても、罪は軽い。今はこれらを言わぬ。十重禁戒は信仰の尺度である。また、心の鏡と見てよろしい。この戒を犯せば、死刑に相当するくらいに重く見られる。

一、快意殺生《せっしょう》戒

二、不与取戒
三、不邪淫戒
四、酤酒《こしゅ》戒
五、妄語戒
六、説四衆過《せっししゅか》戒
七、自讃毀他《きた》戒
八、慳貪《けんどん》不与戒
九、瞋不受悔《しんふじゅげ》戒
十、邪見謗法《ほうぼう》戒

第一　快意殺生戒

かわいいとかわいそうとは違う。鶏は子を愛するが、病める子を憐れむことを知らぬ。しかるに、人間にはかわいそうという心がある。殺生を重ねると、このかわいそうという心が消える。仁《じん》を殺すことになる。仁を殺せば人間の資格が無くなる。人間は頭を天に向けて立っている。畜生は皆体を横たえて歩む。人間には理性あれど、畜生には無い。邪見な者の頭は下に向いている。

殺生の中で、虫や魚を殺すよりも、人間を殺すは、罪が重い。人の中でも、君を殺し、父母を殺し、覚者を殺すのは、更に罪が重い。最も重い罪は、己が仏性を殺すことである。即ち成仏せぬのが最も大きな罪である。なぜかと言えば、釈尊がこの世に出られたのも、我々を成仏させんがためであり、過去の聖者達の御苦労も我々を化導《けどう》せんがためであり、その上、我々は毎日多くの殺生をして生きていることを思えば、これらの御苦労や犠牲を無駄にしてはならぬからである。我々は仏性を育てるために生かされていることを知らねばならぬ。

戒を受けたならば発得《ほっとく》せよ。もし発得せねば結縁《けちえん》に止まる。われらは元より仏の子であるが、それを知らなかった。このたび戒を受けて、仏子《ぶっし》の自覚を得た。菩薩の仲間入りをしたのであるから、今までと異なって、一切の衆生は兄弟であると心得ねばならぬ。この心を承知したのが発得《ほっとく》である。菩薩の心を起こせば、心霊の飾り、即ち瓔珞《ようらく》ができたのである。この瓔珞は、お金で買えない。人格に相応したものである。如来光明歎徳章《こうみょうたんとくしょう》［無量寿経上巻末の一節、礼拝儀所収］に「この光に遇う者は、心の三つの汚れ消え失せて、身も心も柔らかに、悦び充ちて善き心起こらん」とあるは、心を飾る瓔珞が立派になることを示されたものである。

念仏を申せば、如来に同化され、一切の罪が消される。一心に念仏せば、ほとけ念《おも》いの心が起こり、如来の感化を被る。

殺生戒は生物に限らず、機械、器具の如き物までも生かして使うことである。水でも無駄使いをしてはならぬ。

いたづらに枕を照らすともし火も　思へば人のあぶらなりけり

時間を殺す人は、つまらぬ人間になる。

第二　不与取戒　盗みを戒む

盗みに色々ある。従ってその業《ごう》もまちまちである。人間に悪いことをさせぬように、恥ずかしいという心が与えられている。

伝灯相承《そうじょう》というは、釈迦如来から今日まで、代々教えを受けつぐこと。自誓持戒というは、一心に七日、十日、一月、一年と仏に祈り、懺悔し、仏の現われを待って戒を授かることである。

第三　不邪淫戒　家庭を戒む

小乗戒は外形に止まるが、大乗戒は内面即ち心を浄《きよ》くするにある。この戒は、仏心を呼び起こして、道ならぬ動物心を制するのである。人は正しい縁に因って結婚するけれども、他の動物は、そうでない。夫婦は家庭に於て観音、勢至の役をつとめねばならぬ。

五倫のうちで、夫婦は道の元である。夫婦は互いに礼儀が無くてはならぬ。この道を君に用うれば、忠となり、親に対せば孝となる。畜生には、夫婦の間に礼儀が無い。釈尊は葬式の引導をなさらなかったが、結婚の仲立ちをされたことがしばしばある。世尊が結婚式に臨み、新婚者を戒められて仰せられるに

「汝等結婚に先立ちて、先ず真理と結婚せよ。真理は永遠に変わるものにあらざれば、真理によって結ばれたる夫婦は、永遠に離れることがない」

と。しかるに、人は多く結婚前には相手の良い方のみを見、夫婦となって後は、悪い方を見る。即ち外面的結婚であるから、結果が悪い。精神的結婚でなければならぬ。姿や財産で結ばれた夫婦は、外面的変化と共に愛も変わる。

南無即ち帰命の帰は、とつぐことである。己が全生命を捧げて、如来と結婚することである。如来の両手なる観音、勢至の如き夫婦とならねばならぬ。

第四　酤酒戒（筆記なし）

飲酒は軽き罪なれども、酤酒即ち酒を売りて、人に飲ましむるは罪重し。菩薩は利他を本とす。他の心を迷わすは、自ら飲んで迷う罪に過ぎたればなり。

第五　妄語戒

正見《しょうけん》とは正しき見込み即ち真理を見る目である。正見により、正しき生活ができる。この戒は人生を徒らに過ごしてはならぬことを戒める。動物的生活を戒むる戒である。

何事も皆いつはりの世の中に　死ぬる一つはまことなりけり

第六　説四衆過戒

人の悪口を言ってはならぬが、殊に仏法に帰依した人のことを悪く言うのは、重い罪である。

第七　自讃毀他戒

自分をほめてはならぬ。うぬぼれは悪い。人が何と悪口を言うとも、忍んで受けるのが菩薩である。自分の悪いのに気が付けば、速やかに改めよ。人にほめられても喜ぶなかれ。自分を毀《そし》る人あらば、わがために良い師匠だと思え。他人が毀られているのを見れば、その毀りを自分が引き受け、良いことを人に譲るのが仏子の務めである。

第八　慳貪不与戒

人に物を施す時は、良い心持でせよ。喜んで施せ。何でも求められる物は施せ、施しに三通りある。財施《ざいせ》、法施《ほうせ》、無畏施《むいせ》の三つである。財施して、人に善心を起こさせると法施ともなる。無畏施は災難、苦労、悩みなどを無くしてやることである。

第九　瞋不受悔戒

人を怒らせてはならぬ。慈悲心を養え。腹が立っても人が赦してくれと頼めば、容れてやれ。それを受け容れぬと重い罪になる。人にはプンと怒る性分がある。それは、しかたがない。その怒りを持ち続けて解けぬ時は、重い罪になる。

慈悲の眼に憎しと思う人はなし　罪ある人ぞ哀れなりける

第十　邪見謗法戒

邪見を起こして、正法を謗《そし》るは、重い罪である。

中井常次郎の聖者随行記（2）

自分には切れ目がありません

三十一日の朝、ご飯をいただいたあとで、私は上人に申し上げた。

「はじめ法蔵寺でお目にかかった時、気分が変わったように思いました。家内もその時から食物について世話がなくなったと言います。このたびは長らくお側《そば》に置いていただきましたから、家庭にめざましい変化をきたすであろうと思います」

上人はただ一言、

「移り香《が》ですね」

と、ささやかれた。これこそ、自分にとり生涯忘れられぬ、冷や汗を覚ゆる大痛棒であった。穴あらば、入りたい気がした。

五日間の授戒会の終わる二月一日に、御剃刀を受け、袈裟と戒名をいただいた。その夕方、なつかしい当麻をあとに、村人たちと別れ、上人のみもとをしばし離れて京都へ帰ることになった。いざお別れという時に、上人は私を呼び止め、

「中井さん、今、あなたは当麻で死にます。あすは京都で生まれます。けれども自分には切れ目がありません。浄土に生まれるのも、これと同じです。三昧状態で、醒めて生まれます」

と言って下さった。この短いお言葉が、その後私の口を通してどれほどの人の信仰に正気を与えたか、今に偉大な働きをしてくれる。

【その三】時々承った話を集む

世界について

宇宙を神性《しんしょう》（加来性）、世界性《せかいしょう》、衆生性《しゅじょうしょう》の三つに分ける。神の本質は物心を超越した絶対の大霊体である。時間、空間を超越している。差別の裟婆から見れば、時間、空間の隔てがある。物心一如の霊体には無尽の徳が内存する。

一切万物は宇宙精神即ち如来のあらわれである。けれども、物は神でない。人の頭に色々の智慧を収めているのは、宇宙にその原因をなす本体があるからである。人間の頭でさえ、実に複雑な働きをする。まして大宇宙一切を包む霊脳は、我々が想像の及ばぬ処である。

物心一如の霊体を、凡夫は生死《しょうじ》界と涅槃界との二面として見る。即ち自然界と心霊界として見ている。一切万物が生み出されて自然界をなす働きを、如来の生産門といい、衆生が次第に発達して、大ミオヤの許へ引き取られる方面を摂取門という。理性により自然界のことが解り、霊性により心霊界のことが解る。

三身の説

天に在りて来《きた》れと招くは報身仏、地に在りて行けと勧むるは応身仏《おうじん》である。宇宙に終局目的あるかというに、唯物論者は宇宙現象を機械的活動と見る。生み出された人間は目的をつけるが、産む方には目的はない。目的なしとする。唯心論者は宇宙に、世界と衆生とを生産し、本《ほん》覚《がく》に帰らしむる目的ありという。弥陀の本願とは、宇宙現象の終局目的とする摂取の光明に、我等が照らされ育《はぐく》まるる本然の理を、人格的に見、具体化して名付けたものである。故に本願は四十八カ条に限ったことではない。

釈迦の出世

（授戒会の初日の午後のお話に、お釈迦様は何故、印度に生まれたかということを説かれた）

印度は昔から政治が淡白で、宗教の育ちの良い土地である。それ故、地球世界の信仰の王様なるお釈迦様が生まれたとお経に出ている。この世界の始めから終わりまでに、お釈迦様のような方が千人出られる。今から五十六億七千万年の後に、弥勒菩薩が出世される。

十二光仏の話

宗教哲学として無量光（体）、無辺光（相）、無碍光（用）を説く。これは宇宙論である。

宗教心理として清浄光、歓喜光、智慧光、不断光は我等の感覚、感情、知力、意志を霊化する働きを説く。生まれたままの人には汚れがあって、霊性が現われない。清浄光は人の心を珠《たま》の如く美しくする。恐れや悲しみを除くは歓喜光である。知見を開くのが智慧光、意志を強くし、善き行いのできるようにするのが不断光の働きである。我等は不完全なるが故に宗教の必要あり。

宗教倫理として、難思光は信仰の喚起位、初めの間は光明の経験なく、想像できぬが、至心不断に念仏すれば、信仰の花開き、その味は口に述べられぬから無称光といい、開発位である。超日月光は体現位であって、信仰がここに到れば、身口意《しんくい》の三業《ごう》、行住坐臥の四威儀が仏《ぶっ》作仏行《さぶつぎょう》となる。

自然教について

人間には生まれながら宗教心あり、教えずとも幼稚な宗教を作る。それは雑草の如く、種を蒔かずして自然に生えるようなものである。その願う処は、肉体の幸福である。霊の実を結ぶ高等な信仰は、米を作るように育てねばならぬ。

信仰

仰信《こうしん》とは仰ぎ信ずること。自分には理論や学説はわからぬけれども、覚者の教えを一向《ひたすら》に信ずること。

妄信とは人が参るから、自分も参ってよかろうというような盲目的信心。迷信とは真理にあらざることを信ずるを言う。

山鬼の話

ある所に一匹の山鬼があった。大層よく働くが、ひまを与えるといけない。こんな売物が市場にあった。ある人がその山鬼を買って来て、ひっきり無しに仕事をさせていた。食べ物を与えないのに、よく働く。長年の間、このようにして使っていたが、ある時主人が忙しくて仕事を言いつけるのを忘れた。一寸ひまができた間に山鬼は主人の子供を殺した。

乞食犬の話

飼犬と乞食犬とは、食物を求める時の作法が違うことになっていた。ある時、乞食犬が片脚を外に、片脚を家の内に入れて物乞いをした。かくの如く、乞食犬が作法を守っているのに、家の主人は犬を打った。犬は大層怒った。法によって物を乞うにもかかわらず、人間でありながら吾を打つとは無法であるとて、役所へ訴え出た。そして彼を町の頭にしてくれるように頼んだ。なぜかというに、彼は必ず自分勝手な悪いことをするに違いない。そうすれば、地獄に落ちるであろう。私は彼ほど悪くはなかったが、今犬になっていると語った。

山中鹿之助の一番槍の話

山中鹿之助［一五四五〜一五七八］は南無八幡大菩薩と称《とな》えて、一番槍を入れたそうだが、後には南無八幡大菩薩ではいけない、南無阿弥陀仏でなければならぬと知ったそうである。

（私には長らくこの意味が解らなかった。しかるにお念仏を相続したお蔭か、その後十年にして、まことに、その通りだと有り難く思われるようになった。解脱の相である。）

助かる心について

真宗の助かるは、救我《くが》である。罪に堕ちるのを助けて頂くことである。川に落ちて溺れんとする児を助けるような救いである。真の助け給えは、捨児を拾い、養育して立派な人間に仕上げることである。罪に亡ぶる者を霊に活かし、今より永遠に、如来の光明中に活き働かしめることである。生きるには食べねばならぬ。肉体は団食《だんじき》(捕食ともいって、食物を手でつかんで食べること)する必要がある。心は霊の糧を食わねばならぬ。キリストは言った「人はパンのみにて生くるに非ず。聖書は心の糧なり」と。如来は我等に心の糧を与えて下さる。われらの心はその糧を食べて永遠に活きる。生まれたからには、度々食べねばならぬ。念仏は心の糧である。これには法喜禅悦という味がある。平生何となく心が豊かで、やわらぎあるは法喜である。禅悦は念仏三昧中に与えられる霊感である。信仰が健全ならば、念仏生活にこの味わい即ち覚《おぼ》えがある。肉体を養う食物について、やせているのに、食べてもおいしくないのは、消化器が悪いのである。念仏しても味わいを感ぜぬならば、不健全な信仰と思わねばならぬ。ただし母の胎内に在る間は、食えども味わいを知らぬ。赤子も同様である。少しく物心つけば、食物に味わいを覚える。念仏も初めは無理にさせられるから、甘味が無い。真の信仰ができると甘味を感ずるようになる。

　一度助かったならば、もう念仏はいらぬというのではない。生きていると新陳代謝のそれと等しく、断念仏は堪えられぬ。毎日霊の糧を食べねばならぬ。念仏の必要が無いというのは、信仰が死んでいるしるしである。極楽では今のように念仏の必要は無いかも知れぬが、今は煩悩多き故に、それに捕われぬため念仏を忘れてはならぬ。この恐るべき悪魔に気づかば、すぐ念仏して如来に相談することである。自分ひとり考え込んではならぬ。暗くなればランプをつけなさい。ランプに眼を向けよ。光明に背を向け、頭を垂れて、ひとり思いに沈めばなお暗くなる。

信仰に知的信仰あり、情的信仰あり、意志的信仰あり。人間には汚れに染《そ》みやすい弱点がある。悪しきものを見た時に起こる瞬間的の汚れを除くのは、感覚的信仰による。深入りして習慣となった、酒や煙草の如きは感情的信仰によって除かれる。

採集したままのダイヤモンドには光がない。これを磨いて珠《たま》とせねばならぬ。人の心も清浄光によりて六根清浄の珠とせられる。

大乗仏教は人間を五位に分かつ。人、天、声聞と縁覚、菩薩、仏乗の五つとする。肉眼《にくげん》清浄は人間界、天眼《てんげん》清浄は天上界、慧眼《えげん》清浄は声聞と縁覚界、法眼《ほうげん》清浄は菩薩界、仏眼《ぶつげん》清浄は仏界である。五官の内、眼の外《ほか》の耳鼻舌身についても同様である。人間の肉の五官は機械的であるが、天眼は神通感応により、肉眼を用いずして自然界が見える。肉眼、天眼等は自然界の色声《しょう》香味触《そく》を感ずる。二乗の慧眼は超感覚界、宇宙全体何もなく、精神のみあり。法眼は自然界を超越して、霊妙な感覚世界を感ずる。慧眼は智慧の世界を見る。仏眼は慧眼と法眼とを統一した境界《きょうがい》を見る。一微塵《みじん》中に一切万物の世界が映っている。天の星が我々の眼に映るように。一切が一に入る。また、天に一月あって、影万水に宿る。一が一切に入る。

十二入・十八界の話

六根とは眼耳鼻舌身意《げんにびぜつしんい》の六つをいう。六塵《じん》とは色声香味触法《しきしょうこうみそくほう》である、これを六賊ともいう。人の心が外界のものに汚されるから、そのものを塵といい、心を奪うから賊ともいう。六根と六塵を合わせて十二入という。眼と色と合して、一つの識を造る。六根、六境（塵のこと）、六識を合わせて十八界という。

歓喜光仏　感情の信仰

人には苦楽を感ずる情あり。天然の人は憂悲《うひ》苦悩を感ずる。これを強く感ずる人と弱く感ずる人とある。それは性質によるが、一般に天然の人（生まれながらの人、修養なき人のこと）は苦を感ずることが多い。彼等は人生を快楽の舞台と思っている。しかるに快楽は貪《むさぼ》れば、かえって苦を感ずるものである。思うようにならぬ。満足できない。遠く見ていると楽しそうであるが、さて自分が味わってみると、さほどでもない。

幸福を求める心が四通りに心得ちがいをしている。即ち処世観が逆になっている。

この身について見れば、この身は快楽を味わうための器でないのに快楽を貪る。人は色に溺れるが、美しく見えるのは他に目的がある。不浄を楽しむから結果が悪い。受苦といって我等が感受すべきことは結局苦である。心は常なしとて、凡夫の心は一定していない。変わりやすい。法は無我なりというて、この世のことは自由でない。我とは自在を意味する。我等は人間に生まれようと思って、人と生まれたのではない。この家に生まれたのも、何月何日に生まれたのも自分の自由にしたものではない。法は無我である。天則に縛られている。しかるに人々は自在だと思う処に苦しみがある。以上四つの顚倒想《てんどうそう》を抱いているから一生を不満で暮らすのである。生老病死《しょうろうびょうし》を四苦といい、これに愛別離苦、怨憎会苦《おんぞうえく》、求不得苦《ぐふとっく》、五陰盛苦《ごおんじょうく》の四つを加えて八苦という。身にも心にも苦労が多い。八苦の世界に在る間は、苦を免れることができない。この苦は自分の身につきものとしてあり（苦を感ずる心を持っている）また、外からも来る。己が罪悪をも感じ、どうすれば安楽に生きられるかと思い、宗教に入るのが罪悪観よりの入信である。外からは腹を立てさせる。内には怒る心あり。外からばかりならば、悪魔に捕われまいが、煩悩は内に在って免れ難い。かくて感情の方面から信仰に入る。

信仰の初めには、如来を彼方《かなた》に見る。これが帰命の信仰である。如来をわがものとせんとしてあせるが、なかなか得られない。その感情ははげしくなる、これは感情的信仰である。次に如来に融《と》け合い、信心の花開けて、入我我入の霊感を得たのが、第二期ともいうべき融合信仰である。ここに到れば、如来と霊交あり。人間ならば、結婚した時である。即ち情操的信仰である。悪魔に出会っても、如来を愛する情操強きが故に誘惑されない。妻が夫に対する情操より誘惑に勝つようなものである。更に進めば、安立《あんりゅう》あるいは安住の信仰となる。安心して何ものをも恐れず。如来の懐に安住する。如来と融合した心に喜、楽、捨《しゃ》の「よろこび」がある。喜とは初めて念仏三昧が成じた時の飛び立つような「よろこび」である。喜はだんだんおだやかになり、楽となる。次に捨という平和な状態になる。例えば、ほしいほしいと願っていたものを手に入れた時の「よろこび」が喜である。その飛び立つ「よろこび」は永く続かず、それを楽しんでいると心が安らかになるのが楽で、更に捨になれば、平和の中に深い味わいを覚える。かくの如き法喜禅悦は情操的の法味である。「よろこび」に五通りある。五乗即ち人、天、縁覚、菩薩、仏《ぶつ》の間に五通りの異なる「よろこび」がある。

三身

宇宙全体は一つの生き物である。これを人格的に見れば法身《ほっしん》仏である。万物の存在は法身に依る。法身仏を学問的に見て真如という。

報身《ほうしん》は宇宙の中心にいて、いと大なる有形の霊体である。ただし形といっても、霊界のことなれば、肉眼《にくげん》では見えない。心眼《しんげん》開けると、人の形をした我等の大ミオヤなることがわかる。人間の身体は大ミオヤの霊体に似ているから、人体を美の極みだと美術家は嘆美する。肉体は衆生のものでない。一切の形ある物は皆、消え失せる。この身このまま、極楽に生まれても、永生《ようしょう》を保つことができない。仏身は生理的の身に非ずして、霊妙なる身である。霊なる心が現われると、如来の実在が明らかにわかり、浄土が見えて来る。浄土というもこの宇宙に在る。今、現にここに在る。けれども肉眼では見えない。三昧に入り、心眼をもってせば見える。信仰の人は心の眼が開け、霊界に入り、永生を得るのである。今より切れ目なしに極楽に生まれる。

応身《おうじん》仏とは霊界のことを我等に教えるために、この世界に出られる仏、釈迦牟尼仏の如き人《にん》仏《ぶつ》のことである。

浄土

現世は夢にして、心霊界は醒めた永遠の天地である。なぜかといえば、現世の生活はしばらくにして夢の如し。昨夜を思い出すことができるけれども、立ち返ることができない。この世の生活も同様にて、世界大戦も過去となっては夢である。しかるに霊界は想像即実現であるから、時間空間を超越している。千年前のことも立ち処に現われて味わうことができる。また、今、この世界にいて、彼の土《ど》即《か》ち浄土のことが自由に見、感じ、味わうことができる。この世は全く夢である。肉体の楽しみは夢の中の楽しみであって消え失せる。苦しみもまた夢である。醒むれば永遠の楽あり。

心は本体にて、肉体は仮の物である。神聖、正義、恩寵は本体である。さればこの徳を汚しては大ミオヤに申しわけがない。肉体的苦楽を浮雲の如く見て、聖き心を守らねばならぬ。

神聖とは正邪、善悪を見分ける智慧にして、これを正見《しょうけん》という。この反対が邪見である。私共には認識の知識があるけれども、正見とは別物である。

正義とは、正見による正善《せいぜん》を取り、邪悪を捨てて実行する力である。神聖と正義とは父の徳にして、恩寵は母の徳である。

如来は大慈悲をもって一切衆生を育て給う。衆生が道を誤る時は、罰を感ずる。如来の慈悲は智と合一したる完全なるものである。人間の痴愛は禍いのもとである。病苦や貧苦は天則に背きたるために起こるものなれば、一切の苦楽を如来大悲のみ声なりと思い、反省の料として正しきに就かねばならぬ。経験は人を救う力となる。

光明主義と真宗

闇が消えて、日出ずるに非ず。太陽出でて闇去るのである。闇が去って太陽が出るというのは、浄土宗の中島僧正等の信仰である。即ち罪を無くすれば、光明に遇うというのである。これは自力である。光明主義と真宗はこれと反対である。如来の光明に遇うから、罪が消えるのである。病気を治してから入院するというのは、まちがいである。大病なるが故に入院して治してもらうのである。これが光明主義である。あまり大病なれば、入院しても治らぬ。念仏を申しても治らぬ。けれども如来に助けられるというのが真宗である。

＊　＊　＊

次に横浜久保山の別時で、中島僧正がなされた説教を参考のために記せば

観経［観無量寿経］の下品下生の処に「仏名を称するが故に、念々の中に八十億劫の生死の罪を除く」とあるは、罪の働く強さが八十億劫に及ぶものをも消すということである。罪に体と用とある。罪の本体は念仏の功徳によっても消えない。作用が無くなるのであ

る。下品下生の者は浄土に生まれても、すぐ如来の説法は聞かれない。極楽では悪が増長せぬ故に、次第に罪の本体が消える。極楽に在る事永くして罪消え、終に仏となる。念仏せば、かくの如く滅罪増上縁の利益を被る。

臨終は罪の決定する時なり。生きている間に悪を働くも、まだ決定業《けつじょうごう》とならぬ。生きている間に悪いことをしても、改心せばよいので、臨終に南無阿弥陀仏と称うれば、すべての罪は悪業とならず、念仏の功徳によって往生を得る。一度如来に帰命せば、臨終はどうでもよいというわけのものではない。

平常念仏せば軽い罪は無くなり、罪に至らしめない。真実の念仏は懺悔によらずば起こらぬ。懺悔は反省から生まれる。それには己が欠点を知ることが必要である。即ち暗黒面を見ることがまことの念仏をするようになる原因である。自分の欠点がわかれば、自分勝手が少なくなる。深切心《しんせつしん》が増す。手前勝手を無くするには念仏に限る。深切心を高めねば反省の心が起こらぬ。反省ができて懺悔ができる。懺悔ができて三昧が成就する。

＊　＊　＊

（これが京都百山の中島老師が、久保山の別時の最終日の朝の説教である。弁栄上人も聞いておられた。この話の後、弁栄上人は最後の説法をなされた。既に聞き書きの部に記してあるが、中島僧正の説を訂正された趣があるから、要点を略記する）

……犬の胎内で、犬の形に決定せる者が、出産まぎわに人間に早変りすることはできない。この世で人が生きている間に悪いことをして、犬のような生活をなし、心が犬として生まれる業ができあがりながら、死んで仏に成らんとするは、まちがいである。この世から仏の子らしく生きねばならぬ。悪い欲を起こせば、畜生の種が実る。念仏を申して仏心を起こし、仏の種を育てねばならぬ。業事成弁《ごうじじょうべん》とは往生決定《おうじょうけつじょう》の信仰ができたことである。極楽に生まれる資格のできたことである。老いて気が短くなり、愚痴っぽくなれば餓鬼になる。……云々。

弁栄上人はその後、こういうことを言われたこともある。

中島僧正の説では、平常の念仏は剣道の稽古のようなもので、臨終の念仏を真剣勝負の如く考えている。もし寝首をかかれるようなことがあったならば、平生の念仏は無効になる。そんなわけのものではない。西に傾いた樹は、何時《いつ》切られても、西に倒れるものだ。平常の念仏は大切である。

大地と信仰の人

霊に活きていない人は、大地に作られる大根のようなものである。大地は我々を色々な元素で養い、大きくして食い、消化して土を肥やす。けれども、大地は、宗教に活きた人間を食い尽くすことができない。我々こそ、大地をしてこの身を養わしめ、真に活きるために、大地を利用しているのである。

四諦　天台宗による処世観

仏教を苦、集《じゅう》、滅、道の四諦《したい》に分ける。苦諦と集諦《じったい》とは有漏《うろ》。滅諦と道諦とは無漏《むろ》である。有漏とは煩悩ある肉の心をいい、無漏とは聖《きよ》き霊なる心である。漏とはもれること。不浄物を器に入れて傾けると漏れるように、凡夫の心は外から動かされぬ時はぼろを出さぬけれども、心が動くと、すぐぼろが出る。中身を立派に入れ替えねばならぬ。有漏ではいけない。

苦諦は結果であり、集諦は原因である。今、受けている生死《しょうじ》の苦は、過去に原因がある。諦とはあきらめである。真理を明らかに認めることである。泣き寝入りではない。凡夫は苦を受けて、その苦の起こる原因を知らぬ。道を知る者は苦の原因を知っている。

惑に見惑と思惑とある。真理を見そこなうのが見惑である。人生観、世界観、宗教観などを見《けん》という。これに十見ある。知識ある者の陥る惑を見惑という。思惑とは生理上の惑である。生きんがために貪、瞋、痴、慢等の惑が起こる。人生の目的を知らず、肉欲、我欲をほしいままにするのを人生だと思いちがいしている考えを思惑という。

慢とは人を生かす身びいき。生《しょう》の愛である。誰にでも自分にとりえありといううぬぼれがある。それを慢という。かかる煩悩の集まりをわれと思う故に集諦《じったい》という。煩悩の集まりをわれなりとする処に、苦と罪悪の原因がある。苦の原因を知り、惑を転じて極楽に生まれる道を弁《わきま》えるのが道諦である。滅とは浄土のことである。

転向

当麻山で授戒のあった時、本堂で大勢の人が立ったり座ったりして十二光仏の礼拝をした。そのためごみが立ち健康に害があるから、私はそれを非常にきらった。大礼拝は誰が始めたいたずらかと不平でたまらなかった。それで十二光の礼拝が始まると、幕の外へ飛び出した。

ある日、上人は私に向って「大礼拝はお釈迦様の時代からあったので、広々とした野原で、ヒマラヤの連峰を眺め、その大自然の中に、宇宙遍満の如来を思い浮かべて礼拝したものである。日高さんは、鈴木商店の店員達に健康法を教えておられるが、大礼拝は如何なる運動よりも結構だ、これを如法に行えば健康保全に大層役立つと言っておられる」とお話下さった。
それでは大礼拝はお釈迦様の時代からあったのか、物好きの始めたいたずらではない。また、健康にも良いといえば結構だと思い上人に
「これから、やります」
と誓い、その後第一線に立って、十二光の礼拝を晴々とやった。

自讃毀他戒

大乗菩薩戒は全受分持である。上人は一条一条戒文を読み、「よく保つや否や」と言えば、皆一同に「よく保つ」と言えと言いつけられた。自分は第六条まで、皆と口をそろえて「よく保つ」と言った。けれども第七の自讃毀他《きた》戒を誓ったら破邪顕正の剣を振り回すわけにいかぬ。科学者の面目が立たぬ。こればかりは、しばらく御免を被るとあって、そっと後列へ避難した。

お説教の時はいつも上人と向かい合って坐し、一心に筆記していたこの小僧が「第七、自讃毀他戒。よく保つや否や」の時、姿を見せぬから、上人は眼鏡越しに、小僧はどこにいるかと、あたりを見回しておられた。自分はずっと後列に下がり、頭をすくめて上人の視線を避け

た。

その後幾多の苦い経験から、あの時「よく保つ」と誓っておけばよかった。月日も守るという宇宙の憲法を、今しばらくと思ったのが、間違いであったと後悔した。破邪顕正と自讃毀他とを混同していたのだ。

大正十三年の春、郷里の三昧道場で、上人直筆の仏前において「第七、自讃毀他戒。よく保つ」と誓った。

信仰ある人でさえ自讃毀他にあえば、いやな気持ちがする。まして一般に自讃毀他せば、人を悪道におとすことになる。これ仏子の忍びざる処であると心づいた。

【その四】京都知恩院山内勢至堂別時

（大正九年三月一日〜七日）

初日

別時念仏の用心

心を専らにして、真っ直ぐに目的に向かって進め。心の置き処を宗《しゅう》という。念仏三昧、見仏三昧の成就をめざして別時をつとめよ。三昧とは調直《ちょうじき》といって、一心に仏を念ずることである。雑念を起こすまいとすれば、益々起こるものであるが、それに捕われぬようにせよ。雑念が起こったと気付けば、すぐ振り捨てて念仏せよ。そのうちに、如来から引き出される。初めは、肉眼で、まことの仏が拝まれぬから、画像を掲げて、如来様を思い上げるのである。

人の心は、見れば眼の方へ、聞けば耳の方へ動く。五つの猿が五官の窓へ顔を出す。三昧に馴れない人の心は動き易い。

宇宙最尊第一の活きた如来様を一心に念じ、心を傾けて、ほとけ念《おも》いの心になり切るのである。そして弱き我、心の眼の開けぬ我を、あなたの御力に照らして、お育て下されと身も心も投げ出して、お頼みするのである。

初め信仰の起こらぬ間は、仏様が活きて在しますように感じない。よく気をつけて念仏申しても、じき妄念が起こって来る。けれども妄念が起こるたびに、根気よく振り捨てて、ほとけ念いの心を起こしていれば、だんだん妄念が薄らぎ、奥の心が現われて来る。太陽の光よりも強い光明を見る。その光によって心は清められる。せっかく人間に生まれても、仏心が生まれなければ、真の自覚とならぬ。覚《さと》らぬ前の善悪は、共に悪である。何となれば、如来の光明に育てられて、永遠に活かされぬ者は、六道生死の夢を見ているのである。夢の中の善悪は、ねうちが無い。善という名が付いていても、人天《にんでん》の心から出た善には、永遠の価値が無いからである。

誰でも、仏性を持っているが、どんなに良い卵でも、温めなければ孵《かえ》らぬように、信仰の卵も、念仏によって温めなければならぬ。平生申す念仏によってでも、信仰の卵は孵るけれども、それではおそい。はやく生まれ変わるように、別時を勧めるのである。私共の心に信仰の火をつけるのが別時念仏である。一度火のついた信仰のロウソクは、肉のある間、一生この世で燃え続ける。心に燃えついた信仰の火は永久に消えない。信仰の火の燃えつかぬ心は動物生活に終わる。

ロウソクに火をつけるのは易《たやす》いけれども、人の心に信仰の火をつけるのは、むつかしい。人間には業障《ごっしょう》という障《さわ》りがあって、信仰の火のつきやすい人と、つきにくい人とある。別時念仏によって、人の心に信仰の火が燃えつくが、初めに火は、あちらに在る。火がつけば、こちらのものとなって燃える。

安心の三要件

一、**所帰《しょき》**　信仰の本尊。絶対の阿弥陀仏に帰命せよ。如来の実在を信ぜよ。如来を大慈父なりと信じ、己を仏子なりと信ぜよ。

二、**所求《しょぐ》**　信仰の目的。無量光明土に生まれたいと願え。現身に有余《うよ》涅槃に入らんと念ぜよ。即ち現在は精神的に光明生活をなし、命終《みょうじゅう》（寿終《じゅじゅう》）の後は無余《むよ》涅槃に入る。

三、**去行《こぎょう》**　信者の務め。念仏して常に仏と離れぬようにせよ。念仏すれば、如来と離れない。去行とは如来の光明に摂化せられる行である。

往生即ち霊性開発の妙行は、去行である。これにより精神が霊的生活の養分を与えられる。霊的行為の原動力は念仏より出る。現在の厭うべき方面より、好ましい方へ移りかわるのが去行である。

以上の三要件備われば信仰ができたといってよい。宗教には階級あって、最も低きは肉体の安楽を願うものである。即ち家内安全、五穀豊穣などを神に祈る。次に、現世はしばらくであるから、永遠に未来の安楽を願うべきであるという未来主義。最後に、現在より永遠に如来の大光明中に育てられ、終には智悲円満の仏陀たらんと志す光明主義。これが最も高き宗教である。

永遠の生命と常恒《じょうごう》の平和はすべての人の求むべきものである。お釈迦様も、これを求められた。釈尊は、形の上では、この目的が達せられないことを知り、自《みずか》ら山に入り、六年苦行して身心を練り、三昧に入って遂に目的を成就し、光明土を発見なされた。即ち常住の平和を得、心の夜が明け、心霊界が現われた。

お釈迦様ほど老病死を厭われた方は少なかろう。多くの人は、それを厭いながら、この世の生活を貪っている。お釈迦様は、肉眼《にくげん》をもって生死界を見、我々と同じ世界に生活しておられたが、醒めた心の眼では、涅槃界を見、心は浄土に住んでおられたのである。かかる醒めた人達には、肉体の死と共に、今まで心に感じていた霊界が現実となるのである。

無量光明土に生まれるということは、次の三つが現われた生活に入ることである。

一、永遠の生命と常恒の平和

二、円満なる人格

三、一切衆生と共に、普遍的安寧を得ること

自分だけ極楽に生まれようとするのは良くない。成仏を願え。仏は一切衆生を救うのが目的である。信仰の進むにつれて、形の幸福よりも心の方に広大なるねうちのあることが解って来る。

太陽には昨日今日の別なく、去年と今年もない。昨日今日は地球に住む人が勝手にいうことである。それと等しく、如来の方には、過去も未来もない。生死の夢を見ている人間に、時の隔《へだ》てがある。

太陽により動物的の我々は養われる。もし馬に自由を与えるならば、人間の用を足さぬ。田を荒し、人を傷つけるであろう。馬には乗り手が入用である。このたび私共が念仏三昧によって、心が活かされ、仏心という乗り手を得、ねうちのある働きができる動物として頂くのである。太陽を離れてはこの肉体が生きられぬように、心は如来を離れては永遠の生命を保つことができない。念仏して、如来を離れぬようにせよ。

第二日

念仏の安心《あんじん》は、催眠術の暗示に等しく、死なねば助からぬと教えるならば、この世では信仰的に活きられぬ。宗教は安心《あんじん》を決定《けつじょう》することが大切である。聞いて理解するだけでなく、感情的に、意志的に生活の上に現われて来なければ、ほんとうに安心が決定したとは言われぬ。如来は我がもの、我は如来のものとならねばならぬ。わが全生命を投げ出して如来に帰命せよ。

信仰の無い人でもたよりにしているものがある。そのもののお蔭で、さしあたり生きている。けれども、そのものは永遠のたよりにならぬ。それは我々を楽しますけれども、しばらくである。このはかない有様はこの世の法則である。肉に生きる者は、大根が人に作られて食われるように、人間も終には、土に食われる。

拝む如来は大きくとも、小さくとも、絶対（宇宙精神）より現われて下さるのであるから、絶対に信頼すべきである。地球でさえ、如来に救われるというくらい、宗教は大きいものである。地球のできた初めから終りまでに、幾万の人が成仏したかによって、地球の成績が決められるのである。

別時を勤める目的は、如来の実在を確かめ、信仰を確立さすためである。如来の実在を確立せば、見仏したも同然である。信仰に入って、何となく温かく感ずるのは、如来の実在に触れたためである。知見が開け、何となく心地よく、有り難い気分を感ずるのは、如来の慈悲に触れたのである。如来は「吾が名を呼べ」と霊の乳房を与え給う。至心不断に、御名《みな》を称えて、心の鏡が浄くなれば、如来の実在がハッキリと知れて来る。いつでも如来は心の鏡に映る。一心に念仏すれば、業障は薄らぎ、心の鏡は次第に研《みが》かれる。

安心《あんじん》とは自分の心に、如来を安置することである。この心は、大きな心をいうので、五尺の身の小さい心ではない。心には地獄、餓鬼、畜生等いろいろある。神の心もある。如来を尊べば自分も尊くなる。人の心は、縁に触れては、鬼とも仏ともなる。常に念仏せば仏心となる。それが習慣となり、どこでも如来と離れぬようになれば、神聖、正義、恩寵等の徳が自然に具わる。道徳の上に神聖、正義の父の徳が常に見ており、恩寵なる母の徳が常に側を離れないから、浄き行いができるのである。如来を尊く思えば、思うほどよろしい。無上の尊敬を献げることによって、隔たりができ、愛によって、如来を離れぬ。この二つの調和を得ることが大切である。

第三日

極楽は無漏、無生《むしょう》の国、煩悩は輪廻の因である。

南無とは、如来の光明中に、自分を投げ込むことである。そうすれば、如来の光明に温められ、霊化される。

念仏する時の、心の構え方

活きてましますす如来様が、今、わが真正面に在しますことを信ぜよ。これを仰信《こうしん》という。心の鏡が研けると、如来の実在が知れる。これを証信という。信仰の目的は、如来の光明中に生まれて、完全なる人格となるにある。一切衆生と共に往生したいと願え。心に如来を安置するを安心《あんじん》という。所求《しょぐ》とは、心の安住所を確かに定めることである。如来は心の住所を定めて下さる。

世の中に我がものとては無かりけり　身をさへ土に返すなりけり

肉体の衣食住が豊かでないと賎《いや》しくなるように、心も安住する所がないと不安である。立派な家の子も、初めは母の懐が住居である。信仰の初めも、お慈悲の懐が住居である。信仰なき人の心は、常に六道を輪廻し、帰るべき家がない。信仰により、如来より永遠の安住所を与えられねばならぬ。裟婆を忘れて、南無阿弥陀仏と念ずれば、浄土へ帰らせて頂ける。

この宇宙は、大荘厳《しょうごん》の極楽世界であるけれども、人間の業識《ごっしき》から見れば裟婆である。この身のために、苦楽、浄穢《じょうえ》、寒暑などを感ずる。心が永遠の安住所を得れば、六道輪廻を免れる。信仰の初めには、肉眼を開けば、裟婆が見える。目を閉じて念仏すれば、大光明中に在る。かかる人が死ねば浄土ばかりとなる。

念仏には請求《しょうぐ》の念仏、感謝の念仏、咨嗟《しさ》の念仏あり。

請求の念仏とは、如来よ我を救い給え、我を育て給えとの願いをもって申す帰命の念仏である。まだ霊的満足を得ていない。

感謝の念仏とは、至心に念仏した結果、幾分願いが満たされ、感謝せざるを得ぬ思いで申す念仏である。

咨嗟の念仏とは、初め想像もできなかった広大無辺なる念仏の功徳を感じ、感謝の思いを越え、表現の言葉もなく、ただ阿弥陀仏を仰ぎまつりて、御名《みな》を称えまつるより外なき念仏にて、六字分明ならず、歌うが如く、嘆ずるが如く、感極まりて長く曳く。浄土の菩薩の念仏は皆これである。真宗の和讃の間に称える、あの引張る念仏は、このまねごとである。

第四日

第十八願（１）

如来より与えられる賜物を受け入れる時の心得を述べる。真言宗では、これを千七百の図で表わす。如来の心と、我が心とを合一させねばならぬ。四十八願を略説せば——

摂取の願。如来の光明と寿命の無量なることを、諸仏は証明しておられる。四十八願は皆、衆生のためである。親の養育を受けると、子は終《つい》に親となる。信仰に入り、光明に照らされると、心眼《しんげん》開かれて、何事も知らざるなく、能《あた》わざるなき完全円満なる仏となる。天眼《てんげん》は十方世界を見る。天耳《てんに》は十方世界の声を聞く。天鼻、天舌、天身等皆同様。宿命通《しゅくみょうつう》が開けると、時間の障りが除かれる。

心に相応した相を現わすものなれば、人間の心ができると人間として相を現わす。即ち人界《にんがい》に生まれる。草木も同じことである。草の種の中には、草はないけれども、草になる精神があるから、草となる。米が実るように、人もこの世で生活している間に、次に生まれる種即ち心が定まる。我等は浄土に生まれる種を育てねばならぬ。されば毎日の日暮らしは大事である。

成仏ほど、しやすいことはない。法性《ほっしょう》より与えられたものを、正しく使えば、自然に成仏する。地獄に堕ちるためには、夜も眠らずに、盗みをしたり、命がけで人を殺すなどの罪を造らねばならぬ。それは、なかなかむつかしい。真っ直ぐに大ミオヤの命に従うように教えたのが第十八願である。

信とは、如来を信じ、総てをお任せして、み心のままになることである。自分の汚れた心を如来に献げ、如来の浄き心を頂くこと、如来を信ずれば、この取り替えができる。

愛とは、きれいという上に、うま味がほしい。そこに愛がある。真実は容器《いれもの》の如きものである。甘露を受けるにも、容器が悪いとなかみを保つことができない。至誠心《しじょうしん》は天真なる心、偽らざる心である。如来は全く真実である。聖人にも偽りがない。純なる霊性の人には偽りがない。また、下等動物にも偽りがない。理性と動物性とを持つ人間に偽りがある。動物の偽りは自然の保護のためである。人の偽りは造りごとである。人は財欲、名誉欲のために偽る。人間にはうそがあり、動物にはうそがないから、動物の方が偉いかというに、そうではない。人間はうそを言う能力があるだけ、動物よりも進んでいるのである。人は他人を偽る前に、自分の良心を偽っている。偽りは自重《じちょう》心がないから起こる。自分を偽らぬ人は聖人に近い。至誠心は容器の如きものなれば、その内容が立派でなければならぬ。

第五日

第十八願（2）

誠は心の容器にして、信と愛と欲との三心《さんじん》は内容である。

至心に深く信ず。自身は罪悪の凡夫。出離の縁なし。如来は大願力《だいがんりき》をもって、衆生を摂取し給うことを信ず。

至心に深く愛楽《あいぎょう》す。如来は無上の慈悲をもって、衆生を愛し給う故に、われらは、すべてに越えて、如来を愛し奉る。

至心に深く欲望す。善と美との世界《みくに》に生まれて、聖なる世嗣とならんことを。また、総てと共に安きを得んことを。

第十八願は四十八願の精髄である。如来の世嗣となるには、裟婆に在る間に、その資格を作っておかねばならぬ。下品下生《げぼんげしょう》でも、死ぬ前に、善知識に遇って、十念すれば浄土に生まれるけれども、十二大劫《だいこう》の間、花開かぬ。浄業《じょうごう》成りて後、花開く。下品の浄土に生まれてはひまどる。即ち永く蓮華の中に閉じ込められる。裟婆では心が研《みが》け易い。生まれながらの人は、汚れと暗《やみ》と悩みと罪とを持っている。人間は生まれながら完全ならば、宗教の必要がない。信仰の無い人は、自分の汚れを知らぬ。自分の無知なることに気がつかぬ。人間以下の下等動物は、心を研《みが》くに及ばぬ。しかるに人の心は、研けば光る玉のような貴いものなれば、手入れを

- 至心
  - 信 — 自身は（汚・悩・暗・罪）なる事を信ず。如来の実在を信ず。本願を信ず。 （恩寵を受くる性能）
    - 仰信
    - 解信
    - 証信
  - 愛（楽）— 如来を愛楽す
    - 母子的に
    - 異性的に
    - 大我小我合一的に
  - 欲 — 如来の世嗣たらんと欲す
    - 願作仏心
    - 願度生心

せねばならぬ。ダイヤモンドは灰で研けぬように、人の心の奥に在る霊性は、倫理や道徳の教えでは研けぬ。宗教によらねば、霊性は開けぬ。道場に篭り、一心に念仏せねばならぬ。

人に霊性あることを疑う者がある。それは、まだ心が研けていないから、わからぬのである。念仏して、心が研けると、霊性のあることが知れる。

黒皮の鉄の面に、顔は映らぬけれども、研げば映る。人の心の黒皮は業障《ごっしょう》である。

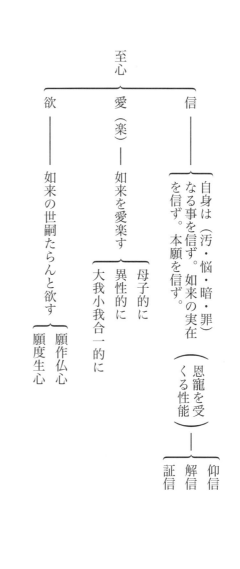

知識の幼い者ほど、悩みは少ない。それは時間的にも、空間的にも、感ずることが少ないから悩みも従って少ないのである。

法律の罪と、宗教の罪とは違う。法律は形に現われた罪を罰するが、宗教は外に現われずとも罪になる。まむしは人にかみついたから悪いのではない。元来悪い奴であるから、かみつくのである。凡夫が悪いことをするのは、悪いことをする性分《しょうぶん》を持っているためである。悪いことをせぬのは、させる機会が無いからである。油断すれば、有漏の煩悩は、いつでも罪を造る。宗教によって、知情意を研けば、人格は立派になる。霊的活動ができる聖人とも成る。

第六日

第十八願（3）

至心。如来は絶対に真実である。衆生心は絶対的でない。人には煩悩と仏心とある故に、仏心より出るものは真実であるが、煩悩より出るものは、真実でない。信心のできた人の心は、澄める水面の如きである。如来の月影は信仰ある人の心に宿る。至誠心《しじょうしん》より出る念仏は、一つ一つ如来の心に通う。観音様の宝冠に、如来の像を安置してあるのは、常に念仏の心を離れぬことを形に示したものである。

帰命信楽《しんぎょう》。信仰に入れば、心は温かくなる。如来を感情的に愛せば、自分のものとなる。禅では、愛念すれば輪廻の原因を作ると言う。肉の煩悩からの愛念はいけないが、如来を愛念するのはよい。キリスト教では、神を信じ、愛し、望むと言う。この三つは神に対する三徳である。これなくば、救われないとしている。三徳のうちでも、愛が最も大切である。信ずるも、愛なくば、鳴らぬ鐘の如く、温か味なし。山を移す程の信ありとも、愛なくば何かせんと言っている。この点は仏教に似ている。

凡夫の身は罪であるから、この罪の身を愛せば輪廻の種となるが、仏心を愛せば、霊性が育つ。すべてに越えて如来を愛せよ。生理的の可愛《かわい》と如来の高き愛とは、名は同じくして、内容は全く異なる。

仁とは理性から生まれた愛である。これは生理的の愛でない。かわいとかわいそうとは違う。かわいというは、生理的の愛であって、犬や猫にもある。かわいそうは理性的愛なれば、犬猫にはない。鳥やけものは健全なる子をかわいがるけれども、死せんとするものを捨ててかえりみない。かわいそうとは思わぬ。しかるに、人間は、弱き者、病める者を憐れみ、いたわる。愛国者は妻子を捨てて国難に赴き、君に仕えて死を厭わぬ。忠臣は君の御ため、み国のために、死なずにはいられぬ。その志は美しい。けれどもほめられようとして死ぬのは、つまらぬ。学者は知識を愛す。カント［一七二四〜一八〇四］は哲学を愛して、終生妻を迎えなかった。如来を愛するは、霊性より来る。これは最高の愛である。愛は己を守って、人を苦しめず。交友の経緯である。愛する者の悦びは、またわが悦びである。即ち愛は同喜同憂である。

愛は育てねばならぬ。如来に対する信と愛とのうち、愛の方が美しい。同じ親の子でありながら、親を愛する子と、親を思わぬ子と、いずれが美しいか。如来は我等を生かし給うことを信ずる者よりも、如来を愛する者の方が美しいのである。

浄土教は、聖道《しょうどう》のように、理屈を言わぬが、如来を慕わせる。これは浅いように見えるけれども、深く仏心に入り、徹底した、最も深い悟りを得る法である。

如来の相好は、慈悲の現われである。仏のみ姿を拝む者は、仏のみ心を見奉る。如来を見奉れば、慈悲の心は自《おのず》ら湧き出でる。

善に対しても、悪に対しても、感情は最も力強い。愛に階級がある。子に対する愛と、妻に対する愛とは違う。信仰に入らぬ間は、肉体を愛し、形の愛に溺れる。

生まれたばかりの赤子には、まだ親の顔がわからぬ。日が経つにつれて、眼が見えて来るように、信仰もまた初めは如来を見奉ることができない。霊性が開けると、如来を見奉ることができる。仏性が主で、肉体は従である。子供の間は、母を離れて育たぬように、信仰の初めは、母としての如来が入り用である。感情的に如来を慕う。児童が青年となり、結婚期に達すれば、異性を要求し、結婚により、心が融け合う如く、信仰が感情的に高潮し、三昧入神により、如来と融合し、喜び極《きわ》なき時が来る。真言宗では、これを三密入門といい、キリスト教では、精霊宿るという。花の花粉が受胎した時である。この時から、如来と離れぬ信仰となる。信仰の中心をなす大事の時である。この信仰を得るために、元祖大師［法然、一一三三～一二一二］は

阿弥陀仏と心を西に空蟬《うつせみ》の　もぬけはてたる声ぞ涼しき

と一心に念仏三昧を励まれたのである。如何に熱心に努めても、時が来なければ、三昧に入れぬ。王羲之［三〇七～三六五］が書三昧に入り、能書家となったように、全力を尽くして念仏に精進せば三昧成就する。

如来の在します所は、どこも極楽である。仏を念ずれば、そこが極楽である。すべてに越えて如来を愛せよ。己が心に、如来が住み給う時は、人からも愛される。自分勝手の心が起こるとも、如来を大切に思えば、我が儘《まま》は出ない。これは感情の信仰である。ここに至れば、如来は常に我が心に在しまして、光明生活ができる。

次に意志の信仰に進めば、欲生《よくしょう》即ち働きの信仰となる。如来のみ心を行う人となり、いのちの続くかぎり、仏作仏行の日暮らしとなる。

第七日

第十八願（4）

欲生《よくしょう》。如来を深く信ずる故に、信仰は高まり、親子の情が、いよいよ濃くなり、信仰の内容が充実する。信仰の花開けば霊感あり。実を結んで体現となる。即ち完全なる人格となる。

宗教の終局目的は、人格の完成即ち成仏である。熟せぬ種を蒔いても芽生えぬように、善も悪も心の底から出たものでなければ、実を結ばぬ。地獄におちぬ。それは子供の放火の如きものである。また、花が散ったばかりの実を蒔いても生えぬ。

人には我欲を目的とする地獄格あり。仏に成りたいと願う霊格もある。人は欲望に従って動き、次第に向上する。

極楽とは、真善美の御国《みくに》である。この三徳の完成せるを仏という。柿の実の熟せるものは、外形美しく、その味もよい。その中の種を蒔けば生える。未熟の柿は色青く味わいも良くない。未熟の柿は枝に執着して風雨に抗し、容易に落ちない。信仰もまた、初めには煩悩の渋あれど、名号《みょうごう》を執持《しゅうじ》せば、やがて心ひろく、体《たい》ゆたかに、円満なる人格となり、接する人をして欣慕《ごんも》せしむるに至る。

中井常次郎の聖者随行記（3）

寺院の堕落を憂う

「全国に幾万の寺や僧侶はあるけれども、模型のロウソクの如く、信仰界は闇である。思想の悪化は国民の保母たる宗教家の責任である」とは上人お嘆きの言葉である。

出家にも非ざる者を、寺に住むばかりに特別扱いして上人と尊称し、自他共に恥ずる色なく、過分の法礼を貪り、厚遇に慣れて信施の畏《おそ》るべきをわきまえず。心ある者、誰か涙なきを得んや。彼等が言行の表裏を見ざる者は実を知らず、知る者は密《ひそ》かに悲しんで時の至るを待っている。

今や寺は仏道修行の道場ではなく、僧侶は出家に非ずして、葬式や法事を営み、自家の生計に汲々《きゅうきゅう》たるありさまである。羊頭《ようとう》を掲げて狗肉《くにく》を売る者と言うべし。作仏度生を念願する和合衆いずこにありや。信心の浄水は寺や僧侶に求むるも得難き時代となった。花開かずして実の結びたるためしなし。人幼くして親となりたる者もない。信心熟せずして伝道に立たば、必ず党を結んで相争うべし。されば法然上人は「わが滅後、汝ら《なんじ》各々《おのおの》別居して自行を励め」と弟子たちを戒めおかれたということである。

我等はまず己《おのれ》を度せざるべからず。多くを聞いて楽しむに終わってはならぬ。至心に念仏して全人格を仏道修行に投ずることにより、日々の生活に不滅の意義生じ、統一ある生活ができ、家族、社会、国家に対する務めにも高度の献身的奉仕ができるのである。この事実を証明すべきが光明教団の使命である。

【その五】三月別時の夜の講話

無量光

法身《ほっしん》、ビルシャナは絶対人格である。宇宙を人格的に見たのである。ヤソの神とビルシャナとは違う。ヤソの神は、人間や万物を造る大工のような神である。天の一方に在ると見ている。ビルシャナは、宇宙全体を人格的に見た仏である。

万物はビルシャナの一切知と一切能とによって産み出されたものである。お釈迦様でも、草一本造ることができない。万物はビルシャナという大ミオヤによって生み出されたものである。

真言宗の本尊は大日如来といって、このビルシャナ仏を本尊としている。金剛界（父、智）と胎藏界（母、理）との二部を立てる。

哲学は知識の対象にて、宇宙の真理を知りたいという知的欲望から生まれたものである。

宗教では我等の救い主を研究の対象として取り扱うは、畏れ多い。本尊を彼是《かれこれ》言うは謙遜の徳を破ることになる。けれども本尊を研究したい。そこで名を変えて、宇宙を一つの理体と考え、真如《しんにょ》と名づけて研究する。かくなれば、宗教でなくして哲学となる。宇宙万物の根源は真如なりと言うは、学問的見方である。

法然上人は凡夫でない。如来の代表者である。けれども役場の戸籍上では普通の人である。これは宗教上より見た時と、学問上より見た時との違いである。

科学は宇宙を一つの機械と見る。誰が造ったかというに、自然則で運転し、そして元《もと》からある機械だと見ている。宗教はこの同じ宇宙を、そうは見ないで、尊き法身ビルシャナ如来であると見る。

法身は宇宙自然の妙法体。宇宙全体をビルシャナ仏即ち大日如来という。これは一切万物の大ミオヤである。我等の身も心も、法身の分かれである。身とは全体のこと。指一本を身といわぬ。法身は宇宙全体を指す。

報身《ほうしん》は精神界に在って、一切の心ある者を摂化し給う尊い客体である。法身は無始無終。本《ほん》覚《がく》とは元から在る仏。始覚《しかく》とは初めて悟った仏である。

法身に色々の名がある。自然界と心霊界、生死界と涅槃界、裟婆と極楽。穢土と浄土などである。われらは肉眼《にくげん》で法身の一部分を見ている。経文の文字の解釈が解っただけでは、その心が読めたと言われぬ。宇宙全体が活きた経文である。それを仏眼《ぶつげん》で見たままを書いたのが文字の経文である。

浄土の荘厳《しょうごん》を見たくば、阿難よ、西に向い、心を浄くして南無阿弥陀仏と称えよと。阿難は仰せのままに西方《さいほう》を見れば、仏の神力によって、すべての景色は忽《たちま》ち変わり、光明輝く浄土が現われた。丁度、夜が明けたように妙色荘厳《みょうしきしょうごん》の浄土が見えた。その夜明けの有様を写したのが、浄土の経文である。誰にでも、心の夜が明けると、浄土が見える。これを実相般若という。阿難がお釈迦様の説かれたみ教えを記憶して、それを文字に表わしたものが文字般若である。文字に写したものよりも、実際のものの方がほんとうである。心眼《しんげん》開けると、宇宙の実相が見える。文字般若は、まだ心眼の開けない人のために、書き残された経文である。始めに経文で道案内をして貰い、後には活きた経文を見るのである。法眼《ほうげん》開けると浄土が見える。

如来に本仏と迹仏《しゃくぶつ》とある。学問では、本仏を本覚という。その中に法、報、応の三身あり。本仏は本有無作《ほんぬむさ》である。生死界の者には解らない。首楞厳《しゅりょうごん》経に、本仏の三身、迹仏の三身が説かれてある。如来は大智慧であって、宇宙全体を御身とする霊体である。

人間に生まれると人間界のことがわかる。すべての生物はそれ相当の境界《きょうがい》に生かされている。我々も如来の境界に生まれると仏心がわかる。如来は智慧であり、同時に姿である。弥陀の身心は法界に遍満《へんまん》す。手を打てば音がする。音の体《たい》は空気である。手を打てば、形なきものが音となって耳に感ずる。手を打たねば、いつまでも音にならぬ。空気のある所で、手を打てば、どこでも音がする。そのように、念仏すれば、如来は真正面に現われ給う。けれどもある衆生には、仏の在しますことが解らぬ。三昧の鍵をもって浄土の門を開け。

真宗では、南無阿弥陀仏の文字に功徳ありというが、そうではない。如来は現に、ここに在しまして、我等がその御名《みな》を呼べば聞いて下さるから有り難いのである。善導大師は「衆生、行を起こして、口に仏を称すれば、仏之《これ》を聞き給い、乃至意《ないしこころ》に仏を念ずれば、仏之を知り給い、衆生仏を憶念すれば、仏も亦、衆生を憶念し給う」と言っておられる。絶対なる法界《ほっかい》は、時間、空間に障りなし。その中に遍在する衆生は、時間、空間に縛られている。

世界は形なきもの（空《くう》）から次第に形づくられ、生物が住み、また終に空に返る。これを永久に繰り返すのである。各二十小劫《しょうこう》の時間をへだてて、成住壊空《じょうじゅうえくう》の四つの変化を繰り返す。また、地上の生物は、生住異滅《しょうじゅういめつ》の四つの変化を繰り返す。これが自然界の姿である。

仏身と浄土観

宇宙を肉眼で見れば生死界であるが、仏眼をもって見ればルシャナ〔報身〕如来の蓮華蔵世界である。その中に如来ましします。

無辺光

智慧の光は法界に照り渡り、大円鏡智、平等性智《しょうち》、妙観察智《みょうかんざっち》、成所作智《じょうしょさち》の四大智慧の相《すがた》として現わされる。如来の智慧は真理と一致するけれども、凡夫の心は磨かぬ珠の如きものであるから、真理は如実に映らぬ。それ故に智といわずに識という。識は宇宙の半面を見る、即ち内面の真理がわからない。六道の衆生は、それぞれのアラヤ（阿頼耶）識で世界を見ている。識は心の本体を見ることができぬ。水を魚は住家と見、人は水と見、天人は瑠璃地《るりじ》と見、餓鬼は火と見る。同じ水を、違ったアラヤ識をもって見ればかくの如く異なって見える。これを一水四見の譬《たとえ》と言っている。仏智をもって宇宙を見れば、無辺の蓮華蔵世界である。人間には太陽は明るく見えるが、もぐらは太陽の光の中に出ると、まばゆくて物が見えにくい。人間の立派な家は、蟻には解らない。六道の衆生は各自の業感《ごうかん》によって異なった感じがする。人間はこの世界で、自分を最も高等な生物だと思っている。大便をきたなく思うのは、人間の感じである。養分の無い物は、不用であるから、いやに感じる。それは無駄をさせぬためである。

アラヤ識が開けて（向上して）仏智になれば、宇宙全体が浄土と感ぜられる。蝿には田舎もなく、都会もない。仏智を信ぜよ。疑いながら念仏すれば、胎生《たいしょう》といって、浄土に生まれても、五百歳の間、七宝の宮殿の中に在って、仏を見奉ることができない。

極楽は仏智の現われである。裟婆はアラヤ識で見た世界である。アラヤ識が仏智に照らされて、大円鏡智になれば、凡夫が仏になったのである。

マナ（末那）識とは、おれがおれが、という心である。この世界の三世に渡り、人の心の相に全く等しいものはない。指紋でさえ、皆違っている。まして全体なる心においてをや。

平等性智とは宇宙一切の真理が解る智慧である。普通の水は混合物であって、一様でない。凡夫の心も一様でない。仏心は一様である。宇宙全体を我《われ》とするのが平等性である。自性《じしょう》を知る我は、大自覚の我である。人の五官と犬の五官とは働き方が違う。仏の境界は想像即実現の世界である。これは成所作智の現われである。我々も三昧に入れば、実感できる。万物と我々の心との間に感応作用がある。これを妙観察智という。これは宗教上大切なる智慧であるから説法智ともいう。

法（如来の徳）をよく表わすは十二光仏なり。また、行《ぎょう》なる念仏の効果は十二光によって示される。信仰が有り難くとも、言い替えれば、皮肉よくとも、骨が丈夫でなければならぬように、骨ともいうべき意志の信仰となり、道徳が完全に行なわれねばならぬ。不断光は意志を育てる。無辺光は悟らす光にて光明を与える。次の無碍光は神聖、正義、恩寵により人格を作り上げる。

無碍光

無碍《むげ》とは自在の意。人の道徳が向上すると自由意志を得る。自由な人は偉い。多くの人は、色々のことに縛られて自由を得ない。無碍光はこの縛りを解いてくれる。

肉眼世界に見る神聖。天体は神聖である。道徳行為の秩序正しき者は神聖である。天体の運動は規則正しく、決して軌道を離れない。停電なく、怠業なし。神聖は天の命令である。その真理の命令に従うのが正義である。天の恵みで草木は育ち、人の心は報身如来の光明によって活かされる。

人道を歩めば人格者となり、道ならぬことをすれば非人格者となる。今日の教育は人道的である。人道は恩に報いるに恩をもってし、怨に報いるに怨をもってする。国家中心なれば、国家の敵は殺してもよい。孔子は親の敵《かたき》と共に天を戴かぬと言った。天道はキリストの如く、汝の敵を愛せよといって、悪人を憎まぬ。太陽は、善き者の上にも悪しき者の上にも平等に光を放つ如く、天道は怨親《おんしん》平等である。羅漢道は無為自然の道徳である。人道と天道とは、有漏の道徳なれば、羅漢になれぬ。声聞、縁覚は自分一人の悟りを求める。仏道は羅漢道よりも大きく、一切衆生は、草木までも兄弟である。皆共に成仏したいという大願を持つ。これを行うには神聖、正義、恩寵の徳がいる。真の智慧は知行《ちこう》一致である。これはソクラテスの主張したる所である。正邪、善悪を知る智を神聖とも正見《しょうけん》ともいう。その反対は邪見である。正善を取り、邪悪を捨てるのが正義である。仏道を無上道（阿耨多羅三藐三菩提《あのくたらさんみゃくさんぼだい》）という。

偽《いつわ》った金や盗んだ金で買った食物でも、味や栄養に障りはないが、精神生活を汚す。そんな不浄なもので生きるのは正命《しょうみょう》でない。君子は渇しても盗泉の水を飲まずという。大経［無量寿経］に、二百一十億の国の中から、あらゆる善を取り、悪を去って建設したのが極楽であると述べてある。極楽はこの世界の如く、清濁共存の世界でない。選択せられた理想の国である。もし我等は、正義の天秤にかけられるならば、とても極楽往生はできないであろう。けれども恩寵という母の徳によって、まず育てられる。正しき心が育てば、悪い心は働かなくなる。善が増し、悪が少なくなる。粕《かす》が無くなる。動物になるには、悪がいる。仏になるには、善がいる。栗のいがは初めの間は、実を護るに必要であるが、熟すれば不要となるから、はじける。青い柿のしぶいのは、未熟の間に鳥や人間に食われぬためであるから、実が熟すれば、食べられるように、赤くなり、甘くなる。私共も、如来の恩寵に育てられると、善心生じ、いがの如き人を痛める心や、渋の如きいや味が無くなる。善き行いが好きで、楽に行えるようになる。悪いことは、いやで、できなくなる。

如来より受けた性《しょう》は一味であるから、十人は十人、皆和合する。もつれ合う間は駄目である。ほどけなければならぬ。人を嫌うのは、自分に欠点があるからである。猫を嫌う婦人には、人に対しても、好き嫌いする欠点がある。猫嫌いの婦人に、良い猫を求めて土産にし、その欠点を治した話がある。猫は嫌われる動物でない。好き嫌いは、こちらの人格に欠け目があるからだと聞き、猫を愛するようになり、人をも愛するようになった方があった。

無対光

如来光明歎徳章に「仏道を得る」とあるのは、成仏のことである。大乗仏教は、高遠なる悟りであるから、菩薩が仏になるは、容易ならぬことである。それで大乗を研究する人達は、成仏を遠く高く見る。禅宗は軽く見る。

念仏の法門により、阿弥陀仏に投帰没入すれば、阿僧祇劫《あそうぎこう》（地球を分子に分ったとした数の年数）の修行をせずとも成仏する。我等の終局目的は成仏である。

浄土教は自力《じりき》教でない。如来に身も心も打ち任せて、成仏させて頂くのである。浄土に生まれて涅槃に到る。宇宙全体と一つになることを涅槃という。小我を滅して真空真如を悟るのが、小乗の最高の悟りである。大乗の涅槃は真空真如を悟った上に、無量の霊徳を現わすことである。これが仏陀の悟りである。智慧あるも、道徳的意志が欠けては、完全な人格となららぬ。無碍光は人格を完成する。無対光は完成された人格の心境を表わす。

ここの処（礼拝儀を指して）を「摂化《せっけ》せられし終局《おわり》には」と書き替えよと仰せられた。説法中に御注意下さったから、記しておく。

精神修養の終局。菩薩は十信、十住、十行、十回向、十地、等覚の五十一段の階級を上って妙覚即ち仏となる。智慧と道徳との終局、即ち人格の完成を正覚《しょうがく》という。仏の在します所を涅槃界（極楽）という。

宗教よりいえば、正覚は無量光、涅槃は無量寿を証得することである。聖道門は哲学であって、浄土門は宗教である。実行哲学では、功徳を自分の方に見る。即ち自力である。宗教では、光明は如来にあると見る。即ち他力。前者は自分に目があるから見えるのだという。後者は、自分を謙遜して、見えるのは、如来の光明のお蔭だという。

天台大師は、極楽は凡聖《ぼんしょう》同居の処、四つの浄土のうち最も低いと言っている。これは哲学的の見方である。我々は浄土も極楽も同じものと見る。宇宙そのままが涅槃界である。造られたものでない。また無くなるものでもない。自性清浄《じしょうしょうじょう》の涅槃界である。情感的に極楽といい、理智的に浄土、比喩的に蓮華蔵世界等、種々の別名がある。常寂光《じょうじゃっこう》土、密厳《みつごん》浄土、無量光明土、無量寿国、智慧土等色々の名称をもって涅槃界を表現している。

衆生が成仏せば、一世界に一仏として生まれ、無量の衆生を済度する。即ち如来の命《めい》を受けて、各《おのおの》その国において仏道を説く。この地球上に、釈迦の教えの続く間は、二仏出世せず。但し諸仏は自在に菩薩として化現《けげん》する故に、多くの仏は、菩薩となって、この世界に出られる。一仏は同時に十万億（無量を意味す）の国に菩薩として出世することができる。その時、仏は迷うて菩薩となるのではない。

中井常次郎の聖者随行記（4）

念仏は情にありて、理にあらず

日曜日。学校では斉藤、青柳両教授の講演会があった。今までならば飛んで行ったはずであるが、この日、家にいて、京都光明会発会式の準備をした。

門の格子戸の音がして、玄関に郵便物が投げ込まれた。その中に弁栄上人からのお手紙があった。押し頂いて封を切れば、常と異なり、みやびやかなる水茎のおん跡、代々に伝えて永く子孫を戒めよと仰せらるるかのよう。

「聖徳太子の念仏法語に、念仏は情にありて理に非ず。風人の月下に我を擲《なげう》ちて、万邪皆妄れて聖理にかかわらざる如し。げにしか思う。たとい、いかほど理論の上に有神論が勝利を得、弥陀の実在の理論を巧妙に論ずるも、いまだ真に信仰の真髄を得たりと言うべからず。もし、それ自己の全生命を弥陀の中に献げたるのみならず、大慈悲の懐に融合して、小我は融け込みて、ただおのずと忝《かたじけな》さに南無阿弥陀仏、南無阿弥陀仏とみ名を称うるほかなきに至るところに、念仏三昧の妙趣感ぜらるべく候。（中略）

まことにおもんみれば、弥陀は今にはじめて縁《えにし》の結びしにあらで、げに弥陀は心霊の大慈父にして、久遠劫来《くおんごうらい》久しくお別れしてより、慈父のいますとも思わでただ六道輪廻の迷子《まよいご》となり、いくばくの劫数《こうじゅ》を経にけん。（中略）

みめぐみに遇うて霊の信根すでに生じぬれば、大みおやの慈悲のはぐくみは絶えず被りて、常に感情的に血の通う温かなる親子の情《なさけ》こそ、これなむ活ける信仰にて候。（後略）

弁栄　山崎より

うるわしき心の花咲き匂う　中井家の庭にまで」

【その六】京都市中井宅での講話

（大正九年三月七日午後）

講演　宗教の意義

序論

宗教には学説と実行との二面があります。学説ばかりでは心の満足が得られません。学説は信仰を呼び起こすたよりとなりますが、宗教心を満足さすものは、如来恩寵の光明であります。太陽あるも目なくば見えず、目あるも光なくば見えません。如来は心霊界の太陽で、信仰は如来の光明を見る目であります。水月感応といって、月には感ぜさせる力があり、水には受ける力があるから、月影は水に映るのであります。如来の光明は、信仰の水ある処に宿ります。神の実在を、どんなに巧みに書いても、神ができたり、否定したからとて消えるものでもありません。支那で神といえば、「鬼神」のことでありまして、死人の霊をいいます。これを宗教の本尊と誤解されぬように、「仏」という字を用い、「如《にょ》」とも書いて、神という字を用いなかったのであります。如といえば、哲学的に聞こえますが、宇宙いっぱいの実在なる霊体を如という。それから現われ給う故に如来と申します。如来は宇宙全体を表わし、大我ともいいます。大我に対して我々を小我と申します。大我と小我とは精神的に合一する性質のものであります。我生きるに非ずして、絶対なる大我によりて活かされているのであります。

小我の中心と大我の中心との関係

仏教では、人の心を四つに分けます。

一、肉団心《にくだんしん》――この心は肉体の一部分であって、生理学的、解剖学的に作用する心であります。

二、縁慮心《えんりょしん》――これは心理学的心であります。如何なるものも、心を害することはできません。心は広くして、思う広さにはてしありません。これは縁に触れて思う心であって、現在的であります。

三、集起心《じっきしん》――これは過去の経験が集まって働く心。歴史的であります。

四、真実心――これが心の本体であります。真実心は宇宙と一体のものであって、分かつことができません。凡夫の心も、真実心なくては働きません。観念の本体であって、物を思うことのできるのは、真実心があるからであります。禅宗では、この心を発見するのを見性《けんしょう》成仏といい、大悟ともいいます。真実心はできたり消えたりするものではありません。これは哲学的、宗教的の心であります。

心が如何に遠きものをも、近きものをも、同時に思うことができるのは何故かといいますと、心は行ったり来たりするものでないからです。行ったり来たりするものは、遠近の二つのものを考える時に、時間的に差があるはずであります。心は時間、空間を超越したものであります。

本論

西洋の骨相学の書に、眼から下は天性（本能性）を、額《ひたい》から上は霊性を、その中間は理性を表わすと言っています。それは事実であるかどうかはともかくとして、今しばらくこの名を借りますと、天性は動物共通性、理性は人間特有性、霊性は神人共通性であります。天性は生理性ともいって、肉体の生きるために欠くべからざる働きを持ちます。理性は人間以外の動物にはありません。これに認識理性と実行理性とあります。認識理性は物理、化学等自然現象を理解する心であり、実行理性は宗教、道徳、法律などを実行する心であります。

動物は実行理性を持ちませんから、何をしても法律上の罪を造りません。かわいという心は、人にも動物にもありますが、かわいそうという心は、人間にのみあって、他の動物にはありません。これは実行理性から来るものでありまして、人は弱き者、病める者を労《いたわ》るけれども、鳥は死せんとする子を捨てて顧みません。

理性は本来、人間に備わっていますが、教育によって開発し、自ら努力して研かなければ現われません。文明は教育から生まれます。

霊性は宗教的の心でありまして、神と人とに共通の性であります。宗教は学問的に色々と研究されています。どんなに詳しく研究しても、文の意味を理解するに止まるならば、実感とはなりません。理性は自然界のことを、霊性は心霊界のことを知る目であります。釈尊が霊界のことを説き、それを文字にあらわしたのが経文《きょうもん》であります。

霊界が、もし理性で解《わか》るならば、釈尊は山に入って修行せずに、当時の学者を集めて、研究されたでありましょう。その当時、霊魂の滅と不滅については、何れとも定まっていませんでした。太子は精神界のことについて、日夜御心を痛めておられましたから、御父なる王様を初めお側《そば》の人達は、太子を諫《いさ》めて申し上げました「まだ学説として決定せぬ問題のために心を労するよりも、現実の快楽を求め給え」と。けれども、太子は、それを聞き入れられずして、暗きが故に、真理を発見せんとするのだといって、ひそかに宮を出《い》で山に入って道士となられました。まず百歳に近きアララ仙人に就いて霊界のことを研究されました。仙人の導きにより、太子の心は宇宙精神と一体となり、次に色《しき》（物質界）と一体となられた。アララ仙人が一生かかって得た悟りを、太子は僅かに七日で体得なされたのでありました。太子は、それに満足せず、ウドラ仙人を訪ねられました。アララ仙人は別れに臨み、「もしあなたがこれ以上の悟りを発見されましたならば、第一番に私を済度して頂きたい」と頼まれた。ウドラ仙人の処でも、これ以上の悟りが得られませんでした。それで太子は自ら、六年の苦行を積まれることになったのであります。最後に六十五日の三昧に入り、その四十九日目に十魔を降《くだ》し、天眼明《てんげんみょう》を得、宇宙を空間的に知り尽し、次に宿命明《しゅくみょうみょう》を得て、時間的に超越されました。十二月八日の暁方、明星出でし頃、無明生死の夢から醒めて、覚者即ち仏陀となられたのであります。

夢に意識の夢と、阿頼耶の夢とあります。お釈迦様が成仏なされて過去を振り返って見るに、今までの生活は全く夢であった。世の人達は生死の夢を見ている。醒ましてやりたいが、説き聞かせても解るまい、と嘆かれ、涅槃に入らんとなされた。けれども、一切衆生に仏性あり、これを開発すれば如来と異ならぬと。それから、五十年間の説法となりました。私共の肉体は永生《ようしょう》の物でありません。肉眼で見えるような極楽ならば、極楽もまた、永久的価値はありません。

今は、理性教育のために、二十年近くも費やすに、霊性開発のために毎日一時間あての修養もせずに、霊の有無を論じたとて、それらの言論に何等の権威もありません。霊性を開くには、理性教育の如く、事々物々について研究するに及びません。一定の法によれば、さほど長い時日を費やさずに、目的を達することができます。

ここも極楽であるが、肉眼や理性では見ることも知ることもできません。肉眼は文字の形を見るも、文字の意《こころ》を見ることができません。また、文字の意を知る理性がありましても、霊性が開けませんと、霊界を知ることができず全く暗《やみ》であります。

経文に実相般若（般若とは智慧なり）と文字般若とあります。宇宙は生きた大きな経典であります。これを実相般若といいます。これを文字で写したのが文字般若であります。植物を研究して、文に綴ったのが植物学の本であって、文字の集まりは実物でありません。書物によって実物を知るように、経文の手引きによって霊性が開けますと、極楽が見えます。三昧は極楽を開く鍵であります。霊性が開けますと、肉体を正しく支配します。ポールゼン［F・パウルゼン、一八四六〜一九〇八］は言いました「人間に理性と動物性とあり。動物性が発達すれば、理性までが動物化する。道徳とは理性を育てて動物性を支配せしむることである」と。人間は肉体という馬に乗った動物であります。道徳理性の乗り手があって、肉体が有益なる働きをするのであります。更に高等なる霊性を用いますと、この身は一層尊い仕事をします。

生計とは肉体を生かすはかりごとであります。私共の生活を生理的に見れば、日々死に近づきつつありますから、実は死計といわねばなりません。仏教で活計とは、永遠の生命を得るはかりごとをいいます。この身は永生を得るために大切なものであります。

お釈迦様を両足尊と申したのは、理性と霊性との両足が円満に発達しておられたからであります。今、吾が国民の知識の片足は伸びていますが、霊性の足は短く、不ぞろいであります。知識が進んでいるだけ悩み多く、時間的にも空間的にも、思う範囲が広くなり、心配も従って多いのであります。霊性が開けますと、道徳的に満足を得るのみならず、その他においても十分な満足が得られます。

私共は天性を発達させて肉体を丈夫にし、理性を育てて社会、国家に貢献し、霊性を開発して宇宙（如来）に対する務めを果たさねばなりません。かくてこそ、人間としての生活を全うし、永遠の生命までも与えられるのであります。

（これは当日の筆記によって、修正した全文にて、加減せず）

中井常次郎の聖者随行記（5）

滝見の観音

日中の別時を終え、おん宿舎なる恒村さんのお宅へ帰られてお風呂を召された七時頃、湯上がりの上人様に私はお願いした。「紙で観音様を描いていただきたい。人がそれを見て信心を起こすようにしていただきたい」といって画仙紙を出した。

上人は半紙をちぎり、お口ですごき筆のごとくにし、それに墨汁をつけ、観音様のおん眉、おん眼、お顔と細い線から描き始め、次第にお衣や岩、滝などに及ばれた。紙に墨汁をどっぷり含ませ滝を描かれる時、薄墨のしずくが一点、観音様のお胸に落ちてしまったと思ったら、上人様はそれをお衣の紐の飾りになされた。うまいことをなさると感心した。最後に筆を執り、「墨の絵に写せる滝の音にだに　甚深微妙般若波羅密」と賛を入れられた。自分は上人様に乞うて書いていただいた書画は、この観音様とお名号の二つだけである。幸いにこの観音様は何とも言われぬ美しい有り難いご相好で、お慈悲と威厳とを具えておられる。これは『人生の帰趣』の口絵になっている。上人のご肖像写真の次にある大きな滝見の観音様がそれである。(次頁に掲載)

弁栄聖者御筆《瀧見観音菩薩像》（前頁参照）

【その七】京都市恒村医院にて

（一）宗教は何を教えるか。その効果は何か

人間の中に絶対に尊き者と、比較的尊きものとがあるように、教えの中にも、宇宙の真理を教える最も貴きもの即ち宗とする教えがある。それは宗教である。「宗」を貴しと読む。太陽系の中で最も貴きは太陽であるように、精神界で最も尊きものは何か。信仰心が育てば、それが解って来る。倫理や修身では尊き信仰心は研《みが》かれない。

人間の精神は貴いけれども、垢があるから研かねばならぬ。牛馬の霊は研くに及ばぬほどつまらぬものである。

偉大な人物は皆信仰の人である。道真公《みちざね》［菅原、八四五〜九〇三］を祀れる天満宮の前に立てば、人は皆合掌し、三拝する。伊藤公［博文、一八四一〜一九〇九］の墓に対して、人は脱帽して敬礼するけれども、拝む人は少ない、道真公は幼き頃より信仰の人であった。公の父君も信仰心篤く、暇あれば経を写して諸方の寺へ寄進し、人々をしてそれを読ましめた。母君もまた良き信者であった。即ち道真公は信仰の家庭で成長した方である。

太宰府に天拝山という山がある。道真公は無実の罪により遠国へ流されたけれども、人を怨まず、天を拝み、悠々として一生を終えられた。

信仰が活きると菩薩になる。信仰は幼少の頃より育てねばならぬ。卵も産みたてほどかえりやすい。

（二）光明主義の宗趣

念仏三昧を宗となし、往生浄土と体となす。

宗とは法の貴ぶ所、体とは行の帰趣する処。

通じて道に入るには宗趣を明らかにせねばならぬ。浄土の三部経は皆念仏三昧を宗とすべきを説いてある。宗とは信仰の中心点である。これを明らかにせねば、信仰の目的が達し得られぬ。我々は目でも口でも、手でも如来を念じ仕えねばならぬ。わが真正面に大いなる如来の在しますことを信ぜよ。如来の実在とそのみ力とを信ぜよ。我々の五官は皆使われるものである。その使い手なる精神（自我）が如来に帰命するのである。

宇宙に無量の諸仏が在します。その中心は、我々の自我に相当する阿弥陀如来である。人に二つの精神無き如く、宇宙に唯一独尊の如来在します。その如来と自分との関係即ち神人合一の理法がある。それを捕えると、あとは従《っ》いてくる。身は心によって自由にされる。心を降参させると、身は従いてくる。心を屈服させぬと、身体は自由にならぬ。宇宙を我がものにするには、如来を我がものとせねばならぬ。それには、自分の全体を如来に献げねばならぬ。我が心を献げることは、己が全部を献げることになる。わが心を如来に献ぐれば、如来は我がものとなる。如来に取られるは、如来を取ることになる。そうすると宇宙全体が自分のものとなる。

自然界に太陽が在って、世界の生物を生かす如く、心霊界には如来なる太陽が在って、衆生の心霊を活かし給う。その如来と自分の心とが一つになることを念仏三昧という。三昧とは一つになることである。如来が見えても、見えなくとも、如来の実在を信じて、一心に念仏すればよい。

赤子が生まれた時、総てが生まれたのではない。目が見えて来れば、視力が生まれたのである。知恵がつけば、知恵が生まれたのである。胎内から出れば、身体が生まれたのである。その後、色々のものが生まれる。生まれるということは続くものである。

光明会員は如来の子としては、まだ赤子である。何も解らぬ。如来が解らぬ。一心に念仏して、信仰が育ってくると、次第に如来が知れてくる。そこで仏子の自覚が生まれてくる。

浄土に生まれるというも、光明生活するというも同じことである。名は異なれど実同じ。一心に念仏すれば光明生活となる。何となくその気分がしてくる。娑婆にいる間は、心だけ光明中に活かせて頂き、この肉体が死ねば、仏界の人として生まれ更《かわ》るのである。心は今から浄土に生まれておらねばならぬ。

身体が丈夫であるほど食欲が盛んである如く、信仰が進めば、心霊の糧なる念仏の必要を益々感ずるようになる。浄土とは仏智の現われた処であり、娑婆は凡夫のアラヤ識の所感である。人間界のことは蝿には解らぬ。人間が不浄とするものを、蝿は不浄と感じない。蝿は人間にならぬと、人間の心を知ることができない。私共の心を仏心に比ぶれば、蝿に等しきものなれば、三昧に入り仏心を知るまでは、仏界を見ることができない。一心に念仏すれば、次第に仏心が生まれて来る。極楽はここに現われてくる。

(三) 南無の解釈（救我と度我）

暗黒、生死の此方《こなた》から、光明、涅槃の彼方《かなた》へ到るのが救我《くが》である。私共の心は真っ暗であって、生まれぬ先も、死の後も解らぬ凡夫である。太陽の光で先方は見えるけれども、心の目は一寸先も見えぬ。初めは、己が心の盲者であることを知らぬ。自分が心霊の盲者であることに気付けば、少しは信仰心も起こるであろう。

救我とは闇の中から、あなたの光明中に入れて頂きたいということである。度我《どが》とはあなたの光明の中に入れて頂いた上、更にあなたの御心《みこころ》の中に入れて頂きたいということである。人は完全ならば、仏を頼むに及ばぬ。不完全なる生死の凡夫であるから、救い給えと願わざるを得ぬ。初めて信心獲得した時、救われたのである。それより一歩一歩、光明中に入る。即ち救我より度我へと進む。闇より光明への救いは一度であるが、度我は永遠の歩みであってはてが無い。

極楽に生まれるのは、仏となるためである。仏と成るは衆生を救うためである。衆生を度する目的は凡てと共に永遠に楽しい生活がしたいからである。一人だけ偉くなるとも、真実の楽しみとはならぬ。極楽の楽しみは凡ての人が同様に完全でありたいことである。

(四)宗教は如何なる真理を教うるか

宗教に形式と内容との両面がある。それは理《り》の念仏と事《じ》の念仏とである。真理であるが有り難くも面白くもないことを悟るのが理の念仏である。昔から聖人、賢人といわれる人々は、はっきりか、ぼんやりかの差はあるけれども、宇宙に独尊者があると認めている。オイケン［一八四六〜一九二六］曰く「宗教は実感である。科学は五官で知るのであるが、宗教的実感はそれよりも確かである」と。

光明主義は実感の上に立っている。他宗から見て、そんなことはあり得ないというとも、気にかけるに及ばぬ。そんなことはないという者は、知らないのである。ニュートン［一六四二〜一七二七］はラジウムのことを言わなかったが、ラジウムは無かったのでない。知らなかったのである。

（五）善悪の標準

様々な方面から、善と悪との定義ができる。道に適《かな》いたる行いは善であって、これに反するものは悪である。人道の善悪は、人道に適えば善にて、これに反せば悪である。人道とは真人《まにん》間になる道である。即ち人間の守るべき道徳である。すべて徳に至る道を道徳という。人道を歩めば人間になる。絶対の善悪は、宇宙独尊の如来に向かって進む働きが善にして、これに反せば悪である。

(六) 西方極楽

西とは方向の義でなく、終局という意である。十万億土とは、隔たりの遠さをいうにあらずして、仏と凡夫の人格の差を意味する。凡夫の心は娑婆に住み、仏は極楽に住んでおられる。その心の隔たりは、十万億土離れているということである。

(七) 三宝

仏と法と僧とは仏教の上では、三つの宝である。聖徳太子のいわれる三宝は、神道と儒教と仏教である。

神を立てて身の生まれた源を拝む。即ち祖先を念ずる。次に儒教を奉じて正しき人間となり、仏教によって如来を念じ、宇宙的霊格者たらんことを祈願するのである。

中井常次郎の聖者随行記（6）

時機を待つ

岐阜の本誓寺でのお別時が終わり、夜の九時頃、東京行きの汽車に乗った。上人と向かい合って、みすぼらしい老人が乗っていた。八十歳だといい、眼はそこひであって、よく見えぬらしい。衣は垢つき、触れるのもいやな思いがする。

上人は「爺さんはどこだね」とお尋ねになった。老人「京都の○○」

老人は上人に向かい「あなたは真宗か」と聞けば、上人は「ふんふん」と答えられた。老人「なあ、われを救うて下さる仏様はどこに在るか。ここには無い。阿弥陀様よりほかに無い。ただ南無阿弥陀仏と頼む一念に救われている。有り難いなあ」

上人は「ふんふん」と答えておられる。それから彼は自作の歌数首を得意げに詠んできかせ、「わかるか」と言う。上人は「わかる、わかる」と答えておられた。

夜は更けた。老人は疲れたらしく、横になりたいように見えた。上人は手ばやくご自分の手ぬぐいを信玄袋の上に置き、その上に老人の頭が当たるようにしてやられた。老人はきたない袋からアンパンを取り出し、上人と○○さん（随行者）に一個ずつくれた。乗客の一人は○○さんに「あれは梅毒の第三期ですから気をつけなさい」と注意したそうだ。それを聞いた○○さんは怖くなり、さっそく便所へ行き、心こめたる供養のパンを窓から投げ捨てたそうであるが、上人はじっと時を待たれた。

老人は信玄袋に寄りかかって安らかに眠った。パンは上人のみ手から、そっと老人の懐へ移された。かくて老人の厚意は受けられ、パンは再び懐に帰り、立派に活きた。

夜が明けて朝が来た。老人はパンを食い始めた。私には生涯忘れられぬ思い出のパン。老人の聖霊《みたま》は今いずこ。

汽車は国府津に着いた。上人は手ぬぐいを老人に与え、私どもを引き連れて下車された。あの時、老人の梅毒が手ぬぐいを通して上人に伝染せば大変だと心配した自分は、重ねて上人の抜け目なき御計らいに恐れ入った。

【その八】黒谷瑞泉院別時での講話

（大正九年六月二日〜三日）

（一）念仏三昧を修する時の心の定め方（二日の朝）

安心とは心の据《す》え方であり、用心とは行《ぎょう》の仕方である。即ち念仏三昧の仕方が用心である。用心が正しくないと、行の効果が現われない。

信仰が生きているならば、それは次第に育ち、花咲き実を結ぶものである。この度の別時により、信心の芽を出す人あり、花咲く人あり、実を結ぶために養分を受ける人もあるだろう。何れも至誠心《しじょう》で念仏すれば育つ。

平生、五根五力《ごこんごりき》の信心の根を強くし、五日七日の別時を勤めて精進すれば、七覚支《しちかくし》の花が咲く。

七覚支は、人生でいうならば、結婚期に当たる。草木では開花期。神秘的にして、宗教では最も深く入る時代である。大乗小乗共に七覚支の理体は等し。小さな草でも、小虫や牛馬も人間も生まれる有様は皆似ている。

如来を離れては三昧に入れぬ。覚《かく》とは、心に得る覚《おぼ》えであって、これを冷暖自知といい、口では説明できぬ。一心に念仏すれば三昧に入り、如来に触れる。その覚《おぼ》えに七通りある。それを七覚支という。学問的に七覚支を知らずとも、一心に念仏する人は、自然に心得ている。

一、択法覚支《ちゃくほう》

択法覚支とは念仏三昧の心の向け方である。如来は不可思議にして、慈悲の現われなりと思い、今ここに生きて在しますという心になって念ずれば、大いに信心の開ける助けとなる。如来は悩める者には慰めを与え、力を加えて下さる。念仏三昧とは仏と離れぬことである。択法とは心を如来に向けることなれば、身口意《しんくい》の三つをそろえて念仏せよ。手は心を表わすこと（印を結ぶこと）については真言宗に詳しく説いている。金剛合掌とは両手の掌を合わせ、指を交互に組み合わすことである。これは真言宗の呼称であって、観無量寿経では、叉手《しゃしゅ》合掌と呼んでいる。

衆生、仏を憶念し奉れば、仏もまた衆生を憶念し給う。如来の三輪と衆生の三業《ごう》とが叉《まじわり》をなす形を表わしたものである。木魚を打ちながら、片手を上げると択法心が起こる。択法とは妄念、妄想を捨てて一心に心を仏に向けることである。

見仏は帰命の信念によるものであって、観仏と違う。口に称名するとも、乱想起こらば徒《いたず》らごとである。

心のあてを覚えたのが択法である。

二、精進《しょうじん》覚支

精進覚支とは一心に念仏することである。心の鏡が研《みが》けて、心が浄くなれば、如来のお姿は心眼に映る。有り難く感ぜぬのは、感ずべき器械が眠っているからである。一心に念仏すれば、感じが付いて来る。快く念仏できて、時の過ぎるのを忘れるようになる。勇猛精進に念仏すれば、時の経つのを知らぬ。これを精進覚支という。

三、喜《き》覚支

一心に念仏すれば三昧に近づく。草木でいえば、花のつぼみが開け初《そ》める頃に当たる。何とも言われぬ喜びを感ずる。何かを覚えた時、大いなる喜びを感ずる。歓天喜地の感あるを喜覚支という。

四、軽安覚支《きょうあんかくし》

喜覚支より更に進めば、喜びが平安となる。心が如来の慈悲に融け込む故に安らかとなる。我々は娑婆の重荷を背負うているから、何につけても気がかりになる。初めの間は心を静めようとすれば、平生思わぬことまでも思い出されて来る。白隠禅師［一六八六〜一七六九］の『安心ほこりたたき』に「座禅をはじめると膝が痛み、眠気が出る。それをきばって見れば、三年昔に隣に貸した黒豆三合、糠《ぬか》一升のことを思い出して妄念山々」ということが書いてある。念仏して無我になれば、如来の心がそっくり入って来る。この時、心は軽く安らかになる。生理的に気分がよく調《ととの》うた時、この状態になることがある。一心に勤むるとも、身体の具合が悪い時、軽安にならぬことがある。

五、定覚支《じょうかくし》

三昧現前、如来を拝む。妙色身《みょうしきしん》は如来の霊体である。大智慧の体は鏡の如し。

六、捨覚支《しゃかくし》

初めの間は、よほど気をつけないと定《じょう》が得られぬけれども、熟達すれば自然に定に入る。習字も初めはよく注意せぬと字にならぬけれども、熟達すれば自然に字になる。念仏三昧の修行もこれに似ている。

七、念《ねん》覚支

心の根本が如来の内に入れば、一日一夜の心の働きが皆如来心から出るようになる。念は人の心を造る。

定覚支では三昧中だけ定にあるが、捨覚支では家に帰っても定にある。念覚支では総てにおいて如来心の現われとなる。それから信仰が外的動作となって形に現われるのが八聖道《はっしょうどう》である。平生の念仏は撃剣の稽古仕合いの如く、臨終の念仏は真剣勝負の如くに思う人がある。それは、道理でない。平生の念仏により、念覚支として実ってあれば、寝首をかかれても大丈夫である。稲を刈る時、肥《こやし》を施しても急に稔《みの》るものでない。平生よく肥をやり、稔らせておかねばならぬ。

（二）如来の三縁（二日午後）

親縁《しんねん》、近縁《ごんねん》、増上縁《ぞうじょうえん》の三縁により衆生は救われる。衆生、行《ぎょう》を起こして、口に仏名を称《とな》うれば、仏これを聞き給う。身に恭礼《きょうらい》すれば、仏見給う。衆生、仏を憶念し奉れば、仏も亦衆生を憶念し給う。

我等、仏を念ずれば、仏はよく知り給えども、我等は煩悩に汚されて、親の顔を拝むことができない。念仏すれば一々お答えがあるけれども、この耳には聞こえないが心に感ずる。しからば、どのように私どもの心に、そのお答えが感ずるか。心ここに在らざれば、見れども見えず、食えども、その味を知らず。今あそこに小鳥が一啼き、松風の音が聞こえているけれども、よく気をつけぬと聞こえぬように、如来のお答えが私共の心に向かってなされているのであるが、気をつけてそれを受けなければ聞こえぬ。誠心でなくては感ぜぬ。形ばかりでは駄目である。真実に生きてましますますが如来を信じて、至心に恭礼すれば、仏は見て下さる。念仏にも礼儀にも至誠心《しじょう》と偽りとがある。またこの二つの何れでも無いのがある。それは無意識、習慣的のものである。

何が近いとて仏と衆生ほど近いものはない。これを近縁《ごんねん》という。何が強いとて、如来の増上縁ほど強いものはない。信仰の進むにつれて、それを強く感ずるようになる。別時念仏は信仰心を養い、力を与える。如来の命に従って働けるようになる。犬猫は生かされているけれども、つまらぬ生き方をしている。それでも自殺するものは無い。人と生まれて人生の意義を知れば有り難く思わねばならぬ。我等の身も心も法身の大ミオヤより受けたものであって、我々はこの世界へ修行に出されたのである。報身如来の光明を受けてまったき人に成り得るようにできている。しかるに凡夫の心は、四顛倒《てんどう》、八顛倒しているからこの真理を知らぬ。犬猫は、教育しても真理を悟らせることができないから、教育するに及ばぬ。けれども人間は犬猫と異なり、教うれば道理を理解する故に、教育する必要がある。

宗教は内観のものなれば、外観的に科学の力ではうかがい知ることができない。人間は何のために生まれて来たかを、凡夫は知らない。この世は娑婆といって、堪忍土《かんにんど》である。何事も堪忍せねば通れぬ世界である。堪は形の上で忍ぶことであって、寒暑、飢渇等を忍ぶ如きをいう。忍は精神上の忍耐である。忍耐して仏道を修行してこそ、この世に出た甲斐がある。内面的に大ミオヤと結びを付けて、修行に出て来たことを覚《さと》らしむれば、勇ましく修行ができる。何事も苦しまねば有り難さがわからぬ。ミオヤは何故に衆生を自分の側《そば》に置いて楽をさせぬのであろうか。側に置けば良いものにならぬからである。人の子も、生まれてから苦労せず、食物も衣服も住居も十分ならば、親の有り難さを知らぬ者になる。常にかしずかれては召使を思いやる心も起こらぬ。愚痴、嫉妬、怒りなどの心の錆《さび》が取り去られると苦がなくなる。

忍に強忍《ごうにん》と安忍《あんにん》とある。俠客《きょうかく》が手を切られても忍ぶは強忍である。無実の罪を着せられても、神しろしめすと心安らかに忍ぶは安忍である。苦を忍ぶはたやすいが快楽に耽らぬように忍ぶは難い。

昔、波羅奈《はらな》国に迦梨《かり》王という王様がいた。王様はある時、大勢の家来や后《きさき》や侍女《こしもと》等と野山に遊んだ。王様は遊び疲れて眠っている間に、女共は王様の側を離れて散歩し、忍辱《にんにく》仙人が端坐思惟しているのを見、敬いの心を起こし、仙人をめぐって説法を聞いていた。王は眠りより醒めて身辺を見るに誰もいない。怒りを含んで歩みを進めた。女に取巻かれた行者を見て、彼は女共を誘惑したと思い、「汝は何者であるか。何の修行をしているか」と尋ねた。仙人は忍辱の修行をしていると答えた。王は剣を抜いて「汝、もし忍辱を修行する者ならば、我は汝を試そう。よく忍ぶや、否や」と言い、仙人の両手を切った。仙人は、じっと忍んでいた。ついで王は仙人の両脚を断ち、耳や鼻を截《き》ったけれども、仙人は顔色さえ変えなかった。王は驚き仙人に問うた。

「汝は何を以てそのように忍辱ができるか」

仙人、答えて、

「汝は女色の故をもって、刀にて我が形を切る。我が忍は大地の如し。我れ仏と成らば、まず慧刀《えとう》をもって、汝の三毒を断たん」

この忍辱仙人とは釈尊の前身である。

(三) 霊枢五性 (二日夜)

自力で人格の完成ができるならば、宗教の必要はない。生まれたままの我々は動物我であるが、これを育てると立派な精神が現われて来る。太陽あり、眼あって物が見える如く、心霊界の太陽なる如来があって、宗教は成立する。十二光仏を研究すれば、宇宙は活ける霊体なることが解る。その霊体に独尊、統摂《とうしょう》、帰趣の三権能がある。これを宗の三義という。

人は霊性を完全に開かねばならぬ。我々は五官の一つが欠けても生活に不便であるように、天性、理性、霊性のどれが

欠けても不自由である。天性（本能）は五官の働きであって、これのみでは、人間は他の動物よりも劣っている。人は理性によって、他の動物を支配することができる。霊性は神と交感する性であって、これが開けると、初めて宗教の真理を実感することができる。

大乗仏教は釈尊が霊性によって宇宙を見た実感を伝えたものである。凡夫はそれを理性で証明しようとする。けれども、霊性が開けぬ間は経典の真意が解らぬ。蝶は人間にまで進化しなければ、人間の心を知ることができない、我々の阿頼耶［アラヤ識］が仏智に変われば霊界が見えて来る。

これから霊枢《れいすう》五性について話をする。五性とは尊崇《そんすう》性、慈愛性、希望性、霊妙性、正義性の五つである。

尊崇性――五性の内の一つが欠けても、いけないが、宗教には尊崇性は特に大切である。この性が発達すると宇宙に最も尊きもののあることが解る。

尊崇は霊性より出る感情であって、人により強弱あり、発達の速さも異なる。太陽の光は瓦に反射せぬけれども、研いた金剛にはよく反射する。如来の光明も人により感ずる程度が異なる。自分が偉いと思えば、尊崇性は発達し難い。自分は至らぬ者である、彼方に尊い方がいられると思い、それを尊べば尊崇性は次第に発達する。有り難いという感じも同様である。

道真公は尊崇性の発達した方であった。偉人には尊崇性を用いた人と、用いない人とある。ダルマは「我れ何人《なんぴと》ぞ、釈迦何人ぞ」といって、尊崇性を用いなかった。それで人からもおもちゃにされ、煙草入れのねつけや不倒翁《ふとうおう》〔起き上がり小法師〕にされ子供にまで弄《もてあそ》ばれている。弘法大師や道真公は神仏を尊んだから、人からも拝まれる。自らへり下り他を尊ぶ故に己が尊崇性現われ、人からも崇《あが》められる。

慈愛性――これは大切な性である。愛には肉より出でる動物的愛と、理性より出でる愛と、霊性より出でる愛とがある。哲学は知識を愛する学問なりと言った人がある。孔子は賢を賢として色に易えよと言った。これらは理性愛である。慈愛性は霊性より来る如来愛である。愛と敬とは平行せねばならぬ。敬は遠ざけ、愛は近づける。

仏を讃《ほ》めぬ経典はない。尊き方を愛すれば、その人に似て来る。無上人格を愛すれば如来に近くなる。

希望性――人格の高い人は高尚なる欲望を持っている。誰でも己が心に相応した欲望をもつものである。子供は金銭よりも菓子が好きである。人に欲望無くば生きる気がせぬ。人に名誉、財産の欲無くばそれらの人々を使うことができない。北海道の人に、祭の日、平生の五倍の賃金を払うから店番をしてくれと頼んでも来る人が無い。人は多く金や名誉に使われている。

霊妙性――これは奇蹟を出だす性である。お釈迦様やキリストは奇蹟を現わした。奇蹟を見て信仰に入る人が多い。刀も切る能わず、火も焼く能わずという如き奇蹟よりも、悪人を善人と化するは、遙かに大なる奇蹟である。ケーラス博士〔一八五二〜一九一九〕はあらゆる宗教を研究した人で、世界第一の宗教学者であるが、シカゴ博覧会の頃『仏陀の福音』という本を著わした。その中に「火に焼けぬような奇蹟は、正しき人より見れば価値が無い。実に不可思議なるは阿弥陀仏である。生死の凡夫を永生の者とするほど大きな奇蹟はない。しかして仏教は最高の宗教である」と説いてある。

正義性――神通不思議《じんつう》を手品に使うてはならぬ。正義によって正しく使わねばならぬ。ある時、王舎城の善賢長者の子が栴檀《せんだん》香木をもって造った鉢を高く竿頭《かんとう》に吊し「神通ある者はこれを取れ。与えん」と言った。外道《げどう》の徒がそれを獲んとして取ることができなかった。丁度そこを通りかかった賓頭盧《びんずる》尊者は、たちまち神通をもって空中に上り、木鉢を取った。釈尊はこのことをお聞きになって「神通は難化《なんげ》の衆生を度すために使ってよいが、徒らに凡俗に示すは沙門のすべきことではない。木鉢のために神通を現わし人々の歓心を買う如きは、賎《いやし》むべきことである」と誡められた。

（四）弥陀教義について（三日朝）

十二光仏の無量光、無辺光、無碍光は仏身論である。これを第一編としてよい。即ちこれにより、如来の体、相、用が示される。これは客体の形而上論である。

清浄光、歓喜光、智慧光、不断光は心理論である。これは直接法である。この四光により、我々の心は変化を来たす故に、直ちにその効果を知ることができる。即ち至心に念仏すれば、清浄光に照らされて心は浄くなる。歓喜光によって嬉しくなり、智慧光により仏智が現われて愚痴が無くなり、不断光により人格が霊化される。

難思光、無称光、超日月光《ちょうにちがっこう》仏は光明生活実践の道程を示す。これは成仏の倫理論である。

無対光と炎王光とは個々についての心理論である。炎王光は消極的にして、我々の心の汚れを除く。無対光は積極的にして、光を与え、終局には成仏せしめる。

（五）南無阿弥陀仏について（三日朝瑞泉院にて）

――安心《あんじん》の南無阿弥陀仏と起行の南無阿弥陀仏――

安心の念仏

安心《あんじん》とは心の据え方、安置心である。如来よりほかに頼む方なしと定め、如来に帰命信頼すれば永遠に救われるというは安心である。南無とは印度の言葉にて、帰命《きみょう》と訳す。帰とはかえる、命とはいのち、聖道門の解釈によれば、本覚の都より、ひょろりと迷い出たものが、悟れば元の都に帰るという。帰は取り付く意、嫁入りすると夫に取り付く、如来のみもとに嫁入りすることであって、命をかけて如来に取り付くのが帰命である。お釈迦様の仲人で如来と結婚することである。真宗で行なう帰敬《ききょう》式はこれに当たる。自分が如来のものとなれば、昨日までは一人《ひとり》者であったが、今日からは自分勝手ができない。如来の顔を汚してはすまぬ、ということになる。かくの如く、心の置き所の定まることを安心決定《あんじんけつじょう》という。如来を心のつまにかけぬ日はないというのが信者の姿である。教えを聞いて、すぐ如来にすがる人は幸いである。浅ましいことには凡夫は本仏に帰依せずして、信仰の本尊は諸仏や菩薩で停まる。諸仏、菩薩は本仏の分身であって衆生を本仏に帰依せしむるように活動なさる方々である。

如来の光明、仏智の顕現した所が極楽である。

起行の念仏

安心が定まれば、次は起行の念仏である。念という字は、人と二と心との組み合わせであって、二人の心が一つになる意を示したものである。煩悩は黒い炭《すみ》のようなものであって、これに如来の慈悲が燃えつくと火になる。今まで怠けていた者が働き出す。もはや自分一人でない。如来と共に在ると思えば、活動せずにいられぬ。煩悩の炭に信仰の火が燃え付けば、煩悩即菩提である。これが起行の念仏である。

信仰が活きて来ると、光明生活となる。これと信仰生活とは似ているが、信ずることにより、如来のみ力をそっくり受けるのが信仰である。慈悲よりいえば、信仰生活である。信仰が芽生えると生活期に入る。如来の光明を被れば、信仰は活きて光明生活となる。米は俵の中では生きているけれども、生活期に入っていないから、寒暑に障りなく、水や日光にあわずとも生命に別条が無い。人も胎内において、生活期に入れば、母体が冷えると死ぬ。米が苗代で芽生え、生活を始めると、日光や水の調和が悪いと育たぬ。私共が精神的に活きるためには、如来の光明を受けねばならぬ。肉の生活には、少なくとも衣食住の三つが必要である。毎日の大事は食にあり、毎年の大事は衣服にあり、一生の大事は住居にある。信仰生活においても、心霊は衣服を着けねばならぬ。生まれた子に衣を着せぬ親はない。人間の親でさえ、その通り、まして心霊の親様においてをやである。信仰が生きると、その程度に衣を着せて下さる。人も胎内では、衣の必要はない。皆さんは、今、どんな衣を心に着ていますか。

人の子は生まれるとまず乳を飲む。歯が無いから、噛んで味のあるような食物を与えられぬ。それで母が色々の食物を食べて乳に変え、子に飲ませる。乳を飲ませても、飲まぬ子がある。私が信仰の乳を飲ませても、飲まぬ人がある。胎児の口は動かぬ。信仰生活において、乳を飲んでいる時代には、乳の味を知らぬ。腹がすけば、生理的に声を立てて泣くばかりである。世間には形式的の礼拝《らいはい》もせずして、一切経を持っているといって仏教者を気取る者がある。そんな人は、床に飾られた人形のようなものだ。飲まず、食わずして生きているような顔をしている。十年経っても、元通り、子供顔である。大きくならぬ。一切経を読むばかりの人は人形的信仰である。いつまで経っても育たぬ。

信仰が生きて来れば養分がいる。衣もいる。食物として、皆さんは心に何を食べさせていますか。空腹を感じませぬか。人形的信仰ならば空腹を感じませぬ。また胎児のような信仰も同様である。キリストは「人はパンのみにて生くるものに非ず」と言っている。仏法は真理をよく料理して我々に食べさせる。その味わいは法喜禅悦《ぜんねつ》である。皆さんは家をお持ちでしょう。家の無い人は乞食である。人から「あなたのお家はどこですか」と聞かれたら、すぐ、どこそこだと答えることができましょう。もし「あなたの心の住家は」と聞かれたら、皆さんは何と答えますか。からだの家はあるが、心の家はまだないと答えねばならぬようでは、たとい金殿玉楼に起き伏すとも、心は三界流浪《さんがいるろう》の哀れむべき者である。信仰から見れば、貧愚にして福徳なく、知恵なき人である。

世の中にわがものとては無かりけり　身をさへ土に返すなりけり

一時の借り物は返さねばならない。さて心の住居を定めねばならないが、永生《ようしょう》の住居はありますか。「今はないけれども、死ねば何とかなるだろう」というようでは、家なき乞食が「日が暮れたら、何とかなるだろう」というに等しい。そんなことでは、三悪道の縁の下で眠らねばならぬ。

世尊は如来の代わりにこの世に出られ「三界《さんがい》は我が有《う》なり。その中の衆生は皆、我が子なり」と仰せられた。

人は肉体の衣食住のためには戦争までするけれども、心の糧を求め、大騒ぎをしてここへ押しかけて来ぬのは、永生を願わぬからである。

心の住家はどこか。安住心ができましたか。家のある人は、家に帰れば安心する。心は身よりも激しく飛び回る。その心の永住する家があれば、安心して活動できる。しからば皆さんの心は、どこに住んでいますか。私は大ミオヤから心の住居を与えられています。称名すれば、このまま大光明中である。それは無限に広くて、安らかで、無量、無辺の荘厳《しょうごん》世界であるが、信仰の赤子には見えない。赤子には、さっぱり解らぬながら、母の愛の懐に在る。信仰できれば、称名することにより、母の懐住まいに気付く、なお一層育てば、荘厳極まりなき蓮華蔵世界なることが知れる。初めは、何も見えなくとも、一心に如来の実在を信ぜよ。信仰できれば、死ねば夢醒めて光明中に生まれる。善導大師は臨終の有様を述べて「手を合わせ、如来を拝み、頭《こうべ》を下げる時は娑婆なれど、み名を称え終わり、頭を上ぐれば既に浄土となっている」とお示し下さってある。ここはもとより浄土であるが、己が業障のために、今は娑婆と見えているのである。

（六）至心に帰命す（三日夜のお話）

我等は絶大なる法身仏の御力によって生かされている。自分が生きているのではない。生かされているのであるが、それに気が付かぬ。生かされていると知れば、命を献げて、みむねに対《こた》えざるを得ぬ。消極的に運を天に任すのでなく、天と一つになり、勇んで共に働くのである。自然に生きるは、法身のミオヤによって生かされているのである。それより更に進んで報身の光明に育てられる時は、永遠の生命を悟ることができるのである。その真理を教えるのが応身仏である。

宇宙全体は法身《ほっしん》の霊体である。報身《ほうしん》は肉眼《にくげん》で見えないが、仏眼《ぶつげん》をもって見ることができる。肉眼で見えるのが自然界である。自然界を生死界ともいう。凡夫は生死界に住んでいる。心霊界のことを涅槃界といい、永生《ようしょう》の世界である。そこに報身如来が在します。かく言えばとて、宇宙は二つに分かれているのではない。凡夫は宇宙の半面しか見えない。宇宙の両面を在るがままに見るのが、仏凡の自由を得た人である。お釈迦様は肉眼をもって我々と同じく自然界を見、仏眼をもって涅槃界を見ておられた。浄土はあるけれども、今の文明の力では見えない。それはなぜか。凡夫は自然界を実物と思っているが、それは相対的実在物であって、絶対的実在物でない。意識眠って一夜の夢、アラヤ眠って生死の夢。アラヤ識が醒めると大円鏡智となる。我等の生活が絶対的のものならば、我等の見るものに絶対的価値あるはずであるが、実は夢である。やがて消え失せる物ばかりである。何一つとして、いつまでも頼るべき物はない。

一心に念仏して心が澄めば、覚めた人に近くなる。人の身は仏作仏行をするに都合よくできているが、凡夫はそれを乱用する。親は子を立派に教育しようとして金を送る。子はそれを悪用して遊ぶ。金は、善悪何れにも通用する。

人の生き方に三通りある。法身の理によって生まれたままに生きるのは動物的生活である。宇宙の真理を知って生きるのは理性生活である。信仰に入り報身の光明を被り永遠に生きるのは霊性生活である。

（七）至心に勧請す

我々は大ミオヤの中に在り、如来のものである。親の物は子の物であるから、我々は親にことわりなしに太陽の光や空気を毎日使っている。念仏も勝手にできる。夜中でも、申したい時は自由に申させて下さる。生みの親には遠慮あるが、如来には遠慮がない。夜中でも念仏を受けて下さる。慰安を与えて下さる。

信仰ができると如来の分身が我が心の中に宿り給う。これを勧請《かんじょう》という。聖者には法身の聖者と生身《しょうじん》の聖者との二つがある。観音、勢至、地蔵菩薩等、霊界の霊体を法身という。生身の聖者とは凡夫と等しき肉体を持ち、心に仏心を宿す菩薩のことである。菩は仏、薩は有情《うじょう》（凡夫）にて、菩薩とは覚有情《かくうじょう》である。肉体生活を本位とする者を凡夫という。信仰に入り、一分でも如来心を受けて永生を自覚した者は菩薩である。

心の明るさにより上品《じょうぼん》、下品《げぼん》の別がある。衆生の信心の水澄めば、仏日《ぶつにち》の影宿る。如来は、どうして万人の心に入るかというに、天に一月《げつ》在って、影万水に浮かぶに等し。信水澄むほど、仏日の影は明《あき》らかに映る。

どうすれば、信仰の水が湧くか。一心に念仏すればよい。称名念仏すれば、一念一念、心は如来に通う。南無と称うれば、我が心は如来へ行き、阿弥陀仏と言えば、如来はこちらへ来て下さる。これを繰り返すと、信仰は次第に育ち、信水が湧いて来る。かくの如く、如来を勧請すれば、廃悪進善の功徳が現われる。

（八）至心に発願す

一心に祈れば、あちらから力を与えて下さる。それにより立派に活動できる。南無阿弥陀仏を通じて、仏種子《ぶっしゅし》を心の田地に蒔けば、信心の五根が出る。炭《すみ》は冷たくて黒く、山ほど積んでも熱くない。触れると手が汚れる。けれどもこれに火をつけると、熱くなり、色も麗わしく、人の手を暖め、様々な働きをする。煩悩は黒い炭のようなものである。念仏三昧により、煩悩に信仰の火がつけば、有用物となる。

説教を聞き、得心したばかりでは駄目である。実行せねばならぬ。炭に火がつけば、あおって空気を送らねばならぬ。そのように、説教を聞いて、信仰の火がつけば思いを回《めぐ》らし、障《さわ》りを押し除《の》けて念仏の空気を送らねばならぬ。教えを聞けば、それだけ知恵がつく。これを聞慧《もんえ》という。教えについて思い回らせば、思慧《しえ》が出る。また、教えの如くに修行すれば、実感の知恵がつく。これを修慧《しゅえ》という。聞思の智慧なく、ただ形式的に申す念仏は、炭に火種を置かずにあおるに似ている。労して効なし。如来を離れては駄目である。

中井常次郎の聖者随行記（7）

横浜の一夜

横浜に着き、自分は上人のお供をして大西病院長の久賀六郎博士のお宅で泊まった。久賀夫人は深く上人に帰依している篤信家であるが、博士は上人に初対面のようであった。久賀氏の宅は久保山の中腹にあり、横浜の町が眼下に見え、よい眺めである。客間と仏間の続いた二階に案内された。自分は久賀さんに頭を下げた。「オウお供の小僧か。次の間で控えておれ」とでも言いそうなあんばいで、挨拶らしい挨拶をしてくれなかった。木綿の袴をはき、十五銭の安下駄を玄関に脱いできたのだから仕方がない、と悪く思わなかった。上人はそれを見かねたものか、久賀氏に「この方は中井さんといって、京都帝大の先生で、このたび随行されました」と言われた。久賀さんはあらためて丁重に挨拶をしなおした。

やがて夜のとばりが下り、町は一面に灯《ひ》の海となった。星空を眼下に眺めるようである。キラキラ輝く幾万の灯火。実に壮観だ。上人は、

「人生もこのように超越して見なければ全体がわかりません。あの灯の海に沈んでは、この壮観を味わうことができません」

と言われた。この荘厳中にあり、上人のお側でひとり慈訓に接するを得た喜びを思え

ば、今に感慨無量である。目をつぶれば当時の光景、昨夜の如くである。

信者の方々や招待されたらしい人々は次第に集まり、お念仏が始められ、説教を拝聴した。

夜は更け、客は去り、上人と院長さんと自分の三人が涼風に吹かれて一時頃までベランダで話し続けた。上人は久賀さんに向かい、

「念仏は峠を越せば、あとは楽です」といってお念仏を勧められた。

お話は尽きぬけれども、寝《やす》むことにした。上人は枕に就かれるやたちまちスヤスヤと寝息である。けれども自分はなかなか眠れない。神経が疲れ過ぎたのであろう。元気な若い僧でも上人のお供をすると一週間は続かず、逃げ口上を作って避難するということである。ほんとうに、そうだと思った。

【その九】七月別時（瑞泉院・恒村医院での講話）

（大正九年七月二十五日〜二十六日）

（一）南無の二義

如来に「南無」を要求するに、次の二義がある。

一、救我《くが》――我に最幸福を与え給え、即ち極楽に生まれ、無量寿のいのちを与え給えの意である。

二、度我《どが》――我に最高徳を与え給え、即ち無量光を得しめよとの意である。

我等は永遠に救って下さる大ミオヤの在しますことを知らずして、今までは六道輪廻を続けて来た。今は南無の祈りにより救われて、永遠の幸福を与えられるようになったのである。この世では相対的の幸福は得られるが、絶対的の幸福は如来によらねば得られぬ。

如来に救われた上は、度我の望みを起こすのである。

「度」とは印度語の「波羅蜜《はらみつ》」であって、仏の腹中に入り、仏に成るまでの道行《みちゆき》をいう。仏子の目的は成仏である。即ち最高徳を得るのが目的である。カントはこの世では最高徳と最幸福とを兼ね備えることができないと言っている。

孔子は一子に先立たれ、顔回という高弟に死なれた。しかして常に貧しかった。至善至幸は如来の光明によって得られる。信仰の人は他から幸福でないように見えても、自分には無上の幸福を感ずるものである。

如来の救いを求むるには、南無と頼まねばならぬ。

（二）常楽我浄

常とは永遠に変わらぬ意、即ち永遠の平和である。我とは自由自在の意である。我々は顛倒想をもって常に流転し、苦しんでいる。それを救って下さるのが如来である。説教を聞き、信心を起こし、精神が救われると、一分の常楽我浄を感ずる。真宗やキリスト教では救我《くが》に重きを置く。

如何にして救われたことを知るか。救われた時は、何とも言われぬ有り難さを感ずる。身は娑婆に在れど、心は無量寿の人となったからである。

我見《がけん》なくば六道輪廻の罪を造らぬ。如来の光明により我見が除かれ、仏心に融け込めば、言葉で表現できぬ悦びを感じ、我を忘れてしまう。真宗は、ここに重きを置き、救われた自分を悦ぶ。報恩を忘れぬ。しかし救われる目的は何のためか。度我のためである。如来の光明によって生まれ更《かわ》った人は仏子である。仏子は至善を願う。円満な人は立派な働きをする。現代人は幸福よりも至善を要求する。快楽を目的とせず、円満なる人格を目的とせねばならぬ。快楽を貪れば堕落して不幸となるのが世の常である。

如来は我等に最高徳と最幸福を与えんがために、我を頼めと仰せられる。

人生を自覚せずして、ただ生き永らえたいと思い、子孫の繁栄を願うは動物的人間である。人生を自覚せる人は菩薩である。菩薩とは法身より与えられた性能を報身の光明によって霊化されつつある者である。我等は本来、法身のミオヤより仏性《ぶっしょう》を与えられているが、生まれたままに放置しては、その尊き働きが現われない。人生は、報身の光明を被り、仏性を立派に育てるところに価値がある。まことに重き責任ある人生である。

仏を満月とすれば、菩薩は新月より満月に至る道中である。それを波羅蜜即ち「度」という。六度といい、六波羅蜜がある。この六つの修行の道中を過ぎて成仏の彼岸に到るのである。

救我は投帰没入とて、一切の我見を捨てて如来の大慈悲の中に己を投げ込み、没入することによって望みが達せられる。かくなりて後の我は仏我である。如来の聖旨《みむね》によって動く我である。

度我において人生の真意義が顕われる。最幸福のみが人生の目的であるならば、救われた上は、一日も早く死んだ方が良い。なぜかといえば、この世は四苦八苦の世界であるからだ。けれども、度我のためには、この世は修行の設備が至れり尽せりの所なれば、生き永らえて修行せねばならぬ。無量寿経は度我に力を入れてある。

なぜ天から米や酒が降らないかと聞く人がある。もしその人の願い通りになるならば、人らしい人ができぬ。天から食物や衣服が降っても、真の幸福ではない。迷える物質的幸福は不幸である。我等の身心は鍛うべき鉄であり、研《みが》くべき金剛石である。ダイヤモンドは糠《ぬか》や灰では研かれぬように、霊性は倫理や道徳では研かれぬ。それは報身の光明によらねばならぬ。

念仏によって鍛えられた心を平生の行いに用いねばならぬ。娑婆とは堪忍土ということであって、念仏で鍛えた心を実験する所である。何処にも、天然の釈迦、自然の弥勒は無い。未成品を完成するのが精進の力である。

無量寿経の下巻に「この土における一日一夜の修行は、極楽において百歳するに優る」とある。人に念仏を勧めても受け付けられないのは、こちらの刀が錆びているからである。仏の智悲の刀は如何なる邪見の者をも切る。内力を貯えるために念仏三昧を修せねばならぬ。大経［無量寿経］に「極楽に生まれんと欲する者は、智慧明達にして功徳殊勝なれ」とある。これは法然上人の「愚鈍になりて念仏せよ」というと同意である。念仏者を外より見れば愚鈍のようであるが、心は人間を超越して仏に属している。内面に力を入れる人は、外見は愚に見える。

（三）神聖、正義、恩寵について（夜のお話）

宗教の客体を如来といい、神といわぬ。支那では故人の霊を鬼という。鬼火とは幽霊のことである。偉人の霊を神という。されば仏教が支那へ渡って来た時、死人の霊と宗教の本尊とを取り違えてはならぬという用心から、宗教の客体（本尊のこと）を如来と訳した。宇宙は不可思議なる活ける霊体にして、これを「如」という。宗教の本尊はこの如より現われたものなれば如来という。

如来と我等との関係

身の行いの命令は心から出る故に、罰を受けるのも心である。我々が棒で人を打った時、手や棒に罪は無い。行為の命令者なる心が罰せられる。人格の高い人は、身体を高等に使うことができる。我々の身を支配する心があるように、宇宙にも、それを支配する精神がある。ポールゼン曰く「われらは彼を見ることができぬけれども、彼なくして我は無い」と。宇宙の中心なる彼を如来という。如来は一切衆生の本源である。如来を信ずることにより、宗教は成立する。

科学は仮定の上に立つけれども、宗教は仮定を許さぬ。宗教は仮定、想像、空想でなく、絶対の真実である。如来ありや無しやの理屈を言わず、如来を信念すれば、心は変わってくる。太陽の光線は諸々の有機物を生かす如くに、弥陀の光明は人の心霊を活かし給う。オイケン曰く「宗教は実感である」と。信仰すれば心は活きてくる。人格が改造される。これが如来の用《ゆう》(働き)である。仏教にいう火大《か》は宇宙に充満している。野蛮国に火は少ないが、文明国に火は石炭や油に燃えついて大きく現われている。如来の光明は炭に燃えつかぬが、人の煩悩に燃えつく。この火が燃えつくと、地獄におちるはずの悪人が浄土に生まれる善人となる。

終始一貫してその主張の変わらぬものは真というてもよい。無神論者が無常を感じて、信仰に入れば、無神論をいわなくなる。無神論は真実でない。

無碍光《むげ》は道徳秩序即ち解脱霊化の用《ゆう》を説く。太陽光線の化学作用に相当するものは無碍光である。成仏するには真理の道を歩まねばならぬ。人には煩悩があって自由でない。煩悩に克てば自由の人となる。聖人と成るはなかなかむつかしい。神聖、正義の父と恩寵の母とが我々の心を育てて下さる。成仏への一定不変の大道即ち仏道を阿耨多羅三藐三菩提《あのくたらさんみゃくさんぼだい》という。如来は道徳の道を照らす。仏道は神聖にして犯すべからざるものである。

神聖とは行為を照鑑する智慧である。この智慧に照らされると正見《しょうけん》が生まれる。正見の人は決して悪いことをせぬ。知らずして悪いことをするとも、それに気づけば、すぐ懺悔して改める。

正義は正善を取り、邪悪を捨てる。正見は眼の如く、正義は足の如し。如来の恩寵に育てられると正義の足が強くなり、人生向上の一路を勇み進むようになり、仏の種が次第に実る。

(四) 念仏三昧の心 (二十六日朝のお話)

宗祖［法然上人］の道詠

阿弥陀仏と心を西に空蟬《うつせみ》の　もぬけはてたる声ぞ涼しき

善導大師

騰神踊躍入西方（『往生礼讃』）

念仏三昧の心は如来より出る心である。送風機の風は電力で起こされるように、我等の念仏も如来の霊的電力に満たされた結果起こるのである。自分の力では念仏にならぬ。我が身口意《しんくい》を如来に献げた時の念仏は如来より出るのである。

右の道詠の「西」は如来のことである。「うつせみ」は移す心である。蟬が殻から出て、枝で鳴く如く、心がこの肉体から抜け出て、極楽に在る姿を詠んだものである。念仏も初めから、このようにはならぬ。蟬が土の中にいる間は、ぬけ殼でない。我々も初めの間は抜け殼になれぬ。自分が仏に成るのでなく、仏が自分になって下さるのであるが、初めの間、それが解らぬ。念仏していれば知れて来る。

世間は忙しいけれども、早く心を如来に向ければ、如来と共に世に処して、いと安らかに活動ができる。念仏三昧によりかく成る。

ロンドンは非常に濃い霧のよくかかる町である。それに煙突から出る煙が甚しいので、空が少しも見えぬ日が多いそうである。それにも拘らず、季節になれば凧《たこ》を揚げて楽しむ者が多い。霧や煙のために凧は見えぬけれども、今日はよく揚《あが》ったといって悦ぶではないか。空の凧は見えぬけれども、よく揚った時はその糸に手応えがある。至誠《しじょう》心の念仏は称名の風に任せて、弥陀の中に空高くあがる。心の糸を有らん限り弥陀の中に空高く投げ出せば、わが胸中に妄念や雑念の糸が無くなり、自分はもぬけの殻となる。その時は無我の状態である。念仏三昧の風に吹かれて、心の凧が高く揚がり、強く糸の引張った有様を善導大師は「神《こころ》を騰《あ》げ踊躍《ゆやく》して西方《さいほう》に入る」と讃してある。如来が見えずとも、お慈悲の風に誘われて心が弥陀の中に高く揚がると、念仏に手応えがある。念仏三昧は入西方を知る方法である。悟れば忙しい世に処して、心は狂わず、西方に入って悠々と暮らされる。しかして如来より無限の力が与えられる。

(五) 光明生活 (午後のお話)

――信仰生活の三階：喚起(萌発)、開発(開花)、体現(結実)――

活きた信仰になれば、如来の慈悲を離れては過ごされぬ。信とは教えをソックリそのまま受け入れることである。法身より与えられた心田地に仏種(正因《しょういん》)を蒔《ま》き付けねばならぬ。土地が良くとも放任せば雑草が生え繁る。土地が肥えているほど手入れが大切である。生まれたままに放任すれば我見、我欲など煩悩の雑草が生える。心田地に手入れをして、念仏の種即ち称名の正因を蒔かねばならぬ。

ロウソクに火を近づけると燃えつくように、我等は如来の尊きことを聞けば、受け入れられる性をもっている。如来の尊きことを聞くのが新薫《しんくん》である。これにより信仰に入る。俵の中の米はまだ活きていない。それが苗代に蒔かれ、芽を出せば活きて来たのである。

報恩のための念仏ならば繰り返していうに及ばぬ。如来と衆生とは親子の仲なれば、お礼を言わなくともよいはずである。けれども養いを受けるための念仏なれば、絶えず申さねばならぬ。大きくならぬ信仰は活きていない。「私は仏教に明るいけれども形式的に朝夕仏を拝まぬ」と言う人は、俵の中の米の如きものである。その人の信仰は、まだ活きていない。信仰が活きて来れば、心の糧なる念仏を食べたくてたまらぬ。これを信仰の喚起という。

赤子が乳ほしくならば、無心に泣く。親は乳をふくませる。この時「乳がほしくば、ほしいと言え。泣いたとて解らぬではないか。ほしくば歩んで来い」と言うならば、赤子は大きくならぬ。親の顔が見えず、慈悲の心を知らずとも、子は育つ道理がある。これを法爾《ほうに》の道理という。一心に念仏すれば、仏は見えぬけれども信じられて来る。

五根――信根、精進根、念根、定《じょう》根、慧《え》根―これは信仰の根である。樹に根が深ければ倒れ難い。根は樹の口である。これから肥料を取り入れる。樹は自由に動けぬからたくさん口を持ち、四方八方へ走っている。人の口は上に在って、ただ一つ。我等の心、霊の口はどこにありますか。

六根――眼、耳、鼻、舌、身、意―は心の口である。これらが心の養いを取り入れる。信仰は必ずしも聞いて起こるとは限らぬ。見ても、触れても、念《おも》うても起こることがある。それは人によって違う。勢至菩薩は念から信仰に入ったということである。心の養分はどこからでも取り入れることができる。花を見、鳥の声を聞いても、心あらば信仰を養い得るものである。

法身《ほっしん》のミオヤはなぜ夏の暑さや冬の寒さを造り、我々を苦しめるのか。慈悲の親にも似合わぬ。不都合だという人あらば、それは親の心を知らぬ者である。我等は天地の大なる設備をもって、永遠の生命を獲んがために活かされている。初めから完全な人ならば、修行の道場なるこの世界に生まれる必要がない。初めから学者であるならば、学校に入る必要がない。金鉱中に金は少なく、捨つべきものが多い。荒金《あらがね》として生まれたから、精錬の手数をかけ、ねうちが出るのである。

あなたの言うことはよく知っているといって話を聞かぬ人の信仰はまだ活きていない。どうかして永遠に生きたいと念じて、熱心に来るのが信仰の活きている証拠である。

心の糧を求むる者は信仰に生きている。

信根――信根ができると、如来の実在を疑わぬ。けれども初めは何だか隔たりがある。何とかしてこの隔たりを取り去ってほしいと一心に念仏にすがる。それで念仏がやめられぬ。これを信根という。

精進根――如来を我がものにしたいと、一心になるのが精進根である。これにより心の鏡が研かれる。心に少し何か映るようになったが、はっきりせぬ。もっと、はっきりするように研きたいという心が起こって精進する。如来に曳かれる。如来が忘れられぬ。慕わしくてたまらぬ。

念根――我が心から如来が離れられぬようになれば、念根ができたのである。念仏がいやになったり、日課が苦になるようでは、まだ念根はできたといわれぬ。

定根――炭に火がよくつけば全体が赤くなるように、信仰が育てば心全体が仏になる。

慧根――識とは人から教えられたものであって、自分が経験したのでなく、教えられて覚えているものである。火で手を焼いたことがないけれども、火の熱いことを人から聞いて知っている如きを識という。

慧《え》とは自分の実感に因《よ》るものである。一分でも如来に触れると、その感じがある。それを慧という。仏法を聞いたばかりでは、仏子の香りがない。慧によって、信心の香りが現われる。信仰生活中にこの身が死んで往生し、極楽で信心の花開き実を結ぶ人があり、この世で実を結ぶ人もある。

（六）我と我がもの（夜のお話）

世の中に我がものとては無かりけり　身をさへもと（土）に返すなりけり

心は我なり。心に蔵されるものは我がものである。心が定まり後に身ができる。心に着くものは第一にて、身に着く物は第二である。衣服、家、財産等は第三で、妻子は第四の我がものである。これらは借り物なれば、元へ返さねばならぬ。仏は「六道の衆生は貧窮にして福分なし」と仰せられてある。天地の中の如来でなく、如来の天地である。我等は如来の中に在り、心の住居は如来の光明中である。

信仰の衣。生まれながらの心に着た衣は汚れている。人を苦しめたり、だましたりして悪いとは思わぬ。泥まみれの衣に泥のとばっちりが着いても穢《きたな》く見えぬようなものである。心の衣がきれいならば、人に迷惑をかけては穢くてたまらぬ。不浄を気付けば清浄光で洗ってもらいたくなる。

身に衣食住ある如く、心にも衣食住がある。菩薩は心に忍辱《にんにく》の衣を着けたれば、謗《そし》られても腹が立たぬ。懺悔《さんげ》の衣を着ているから、己が過ちを直ぐ改める。道徳は人格を飾る瓔珞《ようらく》である。

【その十】当麻山無量光寺別時での講話

（大正九年八月四日よりの十二光仏講義）

題　十二光仏講義

○宗教形而上論

（一）無量寿

阿弥陀仏の竪《たて》の徳―時間的―永劫存在

如来の法体――二種法身

一、本仏または法性《ほっしょう》法身（法身仏、天仏）

二、迹仏または方便法身（現身仏、人仏）

「体《たい》」とは全体にして内容、実質に充たされている。人でいうならば、身心の全体が体である。世間では、物質的の方面のみを体といって、心を含まぬ。

「相」とは姿である。蜜柑《みかん》の色、形、味わい等が蜜柑の相である。

「用《ゆう》」とは作用のことである。

宇宙全体は如来の体大である。「大」とは宇宙に遍在して余す処なき意。

法爾《ほうに》の理とは自然のきまりのことである。目が見えるのは、法爾の理である。なぜ見えるかは、わからぬ。それは説明できない。

体《たい》に質と量とある。唯物論者は宇宙を物質的に見る。彼等は精神作用をどう見ているか。物質が集まって動物ができ、色々と考えるのであって、死ねば原素に帰り、その働き（精神作用）はなくなると思っている。

唯心論者は、心生ずれば万物生ず、と見る。現象の上に物質を認むれど、物質そのものは不可解である。物とは己が心を外に見たものだという。

弥陀の法体《ほったい》の本質は物心無碍《むげ》である。もし本質が精神のみならば、物ができない。また物質のみならば、心ができない。人間を外より見れば物質なれど、内より見れば全体が心である。

宇宙の本体は大心霊体である。これを哲学では真如という。体あれば必ず相がある。相に、外に見える相と、内に感ずる相とがある。カント曰く「我等が樹を見る時、樹その物は何だか知れぬ。樹と見えるのは、我が心の彼方に現われたものである」と。

我が心の体は、物を思うも思わぬも在る。見聞は心の相である。

無量寿、無量光は如来の体である。

本仏の一切智より現われた世界の衆生は、本仏の性を具有する故に、仏と成り得る。迹仏《しゃくぶつ》は迷界の衆生を救うために現われた仏なれば、衆生無くばその要なし。方便法身（迹仏）は衆生を助ける妙用《みょうゆう》である。「方便」とは「うそ」ということでない。日本と朝鮮とでは「方便」の意味が違う。日本で方便といえば、巧みなゴマカシを意味するけれども、朝鮮で方便とは「方法」「便宜」という意である。例えば、屋根に上る方便に梯子《はしご》を使う、という如くに使う。

十劫正覚の仏（迹仏）は因果の法則により、世に出られた仏であるが、本仏は因果を超越している。我等は迹仏の方便により本仏を見た時、本仏と合一する。

キリスト教に新教と旧教とあるように、仏教にも、これと似たことがある。法蔵仏、西方十万億土を過ぎたる彼岸に在る浄土等は旧教にて、釈迦正覚、娑婆即寂光《じゃっこう》は新教である。釈迦を肉眼で見れば人間であるが、仏眼《ぶつげん》をもって見れば阿弥陀仏である。この土を肉眼で見れば娑婆であるが、仏眼をもって見れば浄土である。天の月を離れて水月なき如く、阿弥陀仏なくして釈迦はない。本仏によって迹仏（法蔵仏、釈迦、一切諸仏）あり。

本仏には、衆生の有無にかかわらず、無作《むさ》の三身あり。迹仏の三身は衆生を救うためである。哲学では本仏を本覚《ほんがく》といい、迹仏を始覚《しかく》という。天台宗では、本有、修成、修顕という。極楽は法蔵菩薩の修行により作られたというは権大乗《ごんだいじょう》である。修行により極楽を発見したというは円教である。神様が日本国を生んだというは神話である。それは別教であり、権《ごん》教である。コロンブス［一四五一〜一五〇六］がアメリカを作ったのでなく、生んだのでもない。発見したのである。これが円教である。これを修顕という。別教はある機類のために、方便として説かれるものである。

仏説に二あり。

仏説｛随自意説―仏陀が覚《さと》りのままを説かれたもの
　　　随他意説―覚りのままでは理解できないから、
　　　　　　　　衆生の機類に応じ、方便に説かれたもの

神性は絶対無規定にて、世界の衆生は相対規定による。凡夫が仏に近づけば、近づくほど、悪魔の力も強くなるから、敗けてはならぬ。

倫理で、人の気質は陶汰されねばならぬという如く、仏教では、霊化されよ、という。人の気質は生まれ年により異なると言われる。子《ね》歳生――湿、良く洗練すれば、節倹になるが、生まれたままに放任すれば、吝嗇《りんしょく》になる。丑《うし》歳生――結、ものにこり固まる。善悪共に固執する。寅《とら》歳生――演、やり過ぎる。良く用うれば果断、力強し。

（二）無量光

阿弥陀仏の横の徳―空間的―浄土と娑婆。
本仏――本土、蓮華蔵世界、盧舎那《るしゃな》身、絶対涅槃界。
化仏《けぶつ》――化土《けど》、千百億の娑婆界、釈迦仏、相対生死《しょうじ》界。
娑婆の舞台に現われては釈迦なれど、楽屋なる仏の本居《ほんご》では、永劫の如来である。お釈迦様は「過去、燃灯仏乃至無量の諸仏は、名と年紀を異にすれど実はわが身これなり」と説かれてある。

法華宗の人は、法華以前の経を皆方便と見る。お釈迦様は法華経で、自身は無量寿仏であると明かされたのである。即ち真実を明かされたのである。

十方三世とは、相対差別の人間が見た世界観である。

諸仏は衆生を救うために、この土に出で給う。この教化の世界を化土という。化土には、国土と衆生とある。国土には、成住壊空あり、衆生には生住異滅ある。

浄土とは、仏の自境界である。

地球ができて、人間が住むまでに、二十小劫かかる。人間は二十小劫の間、生存する。それが月のようになり、破壊されて空になるまで二十小劫かかる。空の間は二十小劫であって、また、世界はでき始める。かくの如きことを永久に繰り返すのがこの世界である。

千百億の数は、無数を表わす。

本地とは本体のことである。ルシャナとは「浄満」とも「光明遍照《へんじょう》」ともいう。自徳としては浄満、衆生に対しては光明遍照である。娑婆は凡夫に相応した世界であって、浄土は仏の見る世界である。

唯識では転依《てんね》といって「アラヤ識が転じて大円鏡智になる」という。これは権教《ごんきょう》である。

浄土の荘厳は華厳経に詳しく説かれてある。お釈迦様が正覚成って後、七日の間、華厳三昧に入られた。ルシャナの化仏《けぶつ》が法身の菩薩のために説法するのを見られた。

経［阿弥陀経］に「十万億の国土を過ぎて浄土あり」の「過十万億」は「勝過」の義である。超越の意である。感覚世界を立ち越えて、宇宙一体となった世界のことである。

統摂《とうしょう》とは、統一摂理することである。衆生が教主の教えにより、浄土に生まれ、不退位を経て、満位に到れば、一生補処《いっしょうふしょ》として、一世界を引き受ける教主となる。満位から仏に成る。そして釈迦の如くに、教主として娑婆に出る。仏が娑婆に出るのは、悪業《あくごう》のためではない。即ち輪廻するのでなく、娑婆の衆生を救うためである。仏の本体は浄土に在って、分身を娑婆に出す。

因地《いんじ》とは、信仰に入るまで、過去世のことであって、本地とは意味異なる。

（三）無辺光

相（象）大——処として照らさざるなし。

宇宙全体は弥陀の本体であって、物心不二の大霊体である。物心不二であるが、精神に重きを置く故に、相とは心の相である。その本体の相が無辺光である。

我等の心は、宇宙全体心の一部分である故に、共通性を持っている。大海の波は全体としての水の上に立つ如く、吾人の心は宇宙心の一分現である。心の体と相といわば、心は思うも思わぬも、体に変わりがない。思えば相をなす。

四大智慧を現代語で示せば左図下段の如し。

	（仏陀）	（凡夫）
四大智慧	大円鏡智	—アラヤ識
	平等性智	—マナ識
	妙観察智	—意識
	成所作智	—前五識

（全体心）		（個性心）	
絶対観念態	（大円鏡智）	—観念	（アラヤ識）
一大理性	（平等性智）	—理性	（マナ識）
相関的性	（妙観察智）	—認識	（意識）
感覚性	（成所作智）	—感覚	（前五識）

大円鏡智

人間を離れて宇宙全体を見れば、主観と客観の別なく、宇宙は一大観念態である。これを人が内観すれば主観となり、外観すれば客観となる。

我々は時間、空間に障りなく、物を思うことができる。スイヒネル［G・フェヒナー、一八〇一～一八八七］曰く「感覚は、窓より室の内を見る如く、観念は、直観にして、窓より外を見る如し」と。首楞厳経《しゅりょうごん》に仏が阿難に、心の本体を悟らす話がある。ある日、阿難が供養を受けて帰る途中、渇を覚え、水を汲んでいた賎しい身分の娘に水を乞うた。娘は浄水を汲んで阿難に捧げた。阿難のけだかい相好と、やさしい言葉に、乙女心は全く捕われた。娘は家に帰り、まじないに通ぜる母に「どうぞ、阿難尊者を招いて下さい」と願うた。母は「欲を離れた人に、まじないは無効であること」と、「尊者を賎しい家へお連れ申せば、王様は自分達を皆殺しにするかも知れぬ」と言った。けれども、思いつめた娘は、がまんができず「もう、死にたい」といって泣いた。母はやむなく、魔術を使った。心、乱れた阿難は、ふらふらと娘の家に至り、喜ぶ母子に迎えられて室に入った。まさに罪を犯さんとした阿難は、一心に世尊のお救いを念じた。

世尊は天眼をもって阿難の危難を見給い、光明を放って、その室を照された。それで、阿難は難を免れて祇園精舎に帰ることができた。（この談、筆者、聖典より補う）

仏「阿難よ、おまえの心に迷いある故、罪を犯そうとしたのだ。内心の賊に捕われて、罪を犯すのである。その賊を捕えるのが戒であり、賊を縛るのが定《じょう》であり、それを切るのが智慧である。されば、賊を捕えるには、その居所を知らねばならぬ。心の本性を明らかにすれば、賊の居所がわかる。先づ心の本性を明らかにせよ」と仰せられた。

阿難は心の本体について問い詰められ、七度、答えに窮した。仏「心は内に在らず、外に在らず、中間にも在らず」内外一体なりと明かされた。心は行くに非ず、来るに非ず。ハミルトン［サー・ウイリアム、一七八八〜一八五六］曰く「観念にはてなし」と。

主観とは知りうる心にて、客観とは外界の相である。宇宙万物は如来の中のものである。しかるに衆生は、宇宙万物を自分の外に見ている。これを識という。識は研かぬ珠の如きものであって、暗き心である。自他の別なく全くほどけた心が大円鏡智である。

十方三世の色心一切が大円鏡智に映照する

平等性智

宇宙万象を観察するに、一定不変の理がある。秩序整然として乱れぬ。人に理性ある故に言行にきまりがある。分別《ぶんべつ》即ち末那《マナ》は理性による。人間は各別々の個体を持ち、一人として他と同一のものがない。心もまた同一でない。内外の生活において、一つとして同一のものなく、性質は皆別である。人間としての形式は一定であるが、個性我は皆別である。末那がほどけて、宇宙の最大自覚なる最終理性が現われると平等性智《しょうち》となる。

純粋な水は一定しているけれども、たいていの水の中にはたくさんバクテリアがある。普通の井戸水の一滴中に一万ばかりのバクテリアがある。東京の水道の水には百ばかりある。これを瓶に入れて一日置けば、殆んどなくなるそうである。それで、一日置いた水で御飯をたけば長持ちする。一日で腐るものなら、三日もつ。

平等性は純粋な水のようで、一定不変であるが、個性我は普通の水のように、一様でない。平等性にはへだてなく、如実に一切の真理を照らす。凡夫は我執あり、好き嫌いある故に、真理を如実に見ることができない。

成所作智

前五識――五根（眼耳鼻舌身）→五境（色声香味触）→五識（眼識、耳識、鼻識、舌識、身識）

同じ物を見ても、人間と他の動物とでは、感じが違う。人間の見て喜ぶ美術品を他の動物が見ても、美とは感じない。「声ありてあや無きは禽獣なり」と言われる。

人間は識であるが、仏は成所作智《じょうしょさち》である。浄土は人工的の世界でない。如来の成所作智の現われである。凡夫の五識が成所作智となれば、思うままになる。浄土は想像即実現の世界であって、仏身、仏土は成所作智の現われである。

凡夫は小さく心の戸を閉じているから、大智慧の中に在りながら、真理が見えぬ。我々は識の中に閉じ籠っている。

妙観察智

今は、これを述べない。

（筆者が上人に「妙観察智《みょうかんざっち》が抜けました」と申し上げたのに対し、上の如く、お答えになった。御遷化後、聞いたことであるが、妙観察智は奥伝として、一般人に説かぬ方針であったそうである）

（四）無碍光

用《ゆう》大――処として融化せざるなし

如来の三徳――神聖、正義、恩寵

一切衆生を解脱霊化して、道徳的自由を得しむるのが無碍光である。無碍とは自由の意である。人は煩悩のために腹が立ち、貪り、苦しむ。如来の光明により、霊化されると、かかる煩いがなくなる。

加藤弘之先生［一八三六〜一九一六］曰く「我等は天則に縛られて、自由意志なし。短気な者は、天則により生まれつき短気であって、気長になれぬ」と。しかるに、多くの学者は、人に道徳的自由意志ありという。今は信仰により、霊化されると、自由を得るとする。

如来は一切衆生のために、道徳の標準として至善の霊界に在しまして我等を照鑑し給う。道理が解るとも、実行できるとはいわれぬ。認識は無辺光に当たり、実行は無碍光に当たる。道徳に善悪あれど一定の標準は無い。仏教でいう「道」には人道、天道、声聞道、菩薩道、仏道等ある。その道を行なえば、めざすものに成る。人道を行なえばまた人間に生まれ、行いが天道にかなえば天上界に生まれる。

親の敵を討たずに捨て置くは人道でない。人道は恩に報いるには恩をもってし、怨に報いるには怨をもってする。しかるに、天道は怨に報いるに恩をもってする。即ち怨親《おんしん》平等の愛をもって他に接する。たとい、怨親平等の善を行なうとも、生死解脱の悟りなくば、声聞になれぬ。声聞道は煩悩を断じ、無漏の聖道を悟らねばならぬ。仏道は羅漢道よりも高遠な悟りである。

道徳と悟りの極みは仏である。仏は衆生の是所、非所を知り給う。

如来の三徳について

神聖――如来は如実の智慧をもって、道徳行為を照鑑し給う。仏と成る道は一定不変である。正見《しょうけん》は仏道を照らす智慧である。正見によって行動せば千万人といえども我ゆかんとの心が起こる。邪見は正見の反対である。釈迦の説法は馬鹿者をたぶらかすものだという如きは、邪見である。邪見の人を恐れよ。正見の人と交われば安全である。「見」は大事である。見込みを誤れば邪道に入る。

正義――正見の命令によってなす行いは正義である。

正見は眼にして、正義は足である。正善を取り、邪悪を捨てるのが正義である。

主観的に正しきことは、客観的に善である。

正義は八聖道《はっしょうどう》（正見、正思惟、正語、正業、正精進、正命、正念、正定）の実行となる。正見とは如来の神聖なる御心に適《かな》う思いである。人の知ると知らざるとにかかわらず、如来の御心に適うや否や、仏に成れるや否やから割り出す考えを正思惟という。正語は仏道に適うや否やから出る言葉であって、如来の御心に適わぬことは言わぬ。如何に巧みにうそを言うとも捨てられる。正業《しょうごう》は御心に適う行為である。正精進は御心を勇猛に行うこと。正命《しょうみょう》。命に身と心との両面あり。盗んだ物を食べても、身を養うに差支えなく、味わいに変わりがない。けれども、正見の人は不正な生命を好まぬ。「渇しても盗泉の水を飲まず」ということがある。心の生命は、如来の慈悲を離れては保たれず、霊的にやせる。正念。念と思いの別。思いとは考えることと。念とは、仏が我が心に入り込んで忘れられず、何となく慕われることである。念は忘れられぬことであって、考えることではない。正定《しょうじょう》とは念が固定して動かず、道徳心が不変となった状態である。これらは皆、正見より出る正義である。

神聖、正義によらねば成仏できない。神聖、正義を父の徳とすれば、恩寵は母の徳である。

恩寵――人の子はまず母に育てられ、後、父に導かれるように、信仰の初めは、如来の恩寵により、心が霊化され、後、八聖道の足が立つようになる。如来恩寵の光明を被り、心眼《しんげん》が開けると、己が心のあさましき姿が見えて来る故に、悪いことが次第にできなくなる。道徳の脚が立つようになれば、神聖、正義の道を歩むことができる。

念仏すれば、心に内容ができるから、霊徳が自然に現われて来る。不必要な弱点が少なくなる。動物性が抜けて来る。正しき心が強くなれば、悪いことができなくなる。

かくの如きは無碍光の働きである。

（凡夫心）（如来の光明により）

汚（感覚）――浄化される
悩（感情）――融化される
闇（知力）――智見開かる
罪（意志）――霊化される

（五）無対光

無対光は仏道の帰趣即ち終局を示す。仏と衆生とには反対性があるけれども、衆生が如来の光明によって、次第に霊化された終局には、本始不二の状態となる。

衆生は相対、有限にて、仏は絶対、無限である。

十二光のうち無量光、無辺光、無碍光は宇宙論である。

我々の心が四大智慧と合一するには、無碍光の実行によらねばならぬ。宗教心理の二面として人の心に開発と霊化の二作用がある。

仏性（形式）と煩悩（内容）

ヘルバルト［一七七六～一八四一］曰く「教育とは各自が持てる知能を啓発することである」と。牛馬の如きを如何に教育するとも、高等なる知能が現われない。即ち注入は教育の良き方法ではないことが知られる。もし注入により能力が出るならば、人も馬も教育の方法宜しきを得ば、等しく知者とならねばならぬ。しかるに、事実は生まれながらの持ち前が異なる故に、教育は夫々の天分により啓発の方法、程度を異にせねばならぬ。

煩悩は凡夫の内容実質である。煩悩は肉体のために起こる。仏の光明に霊化されると、煩悩は断滅するのではないけれども、有効に使われるようになる。即ち仏道に叶うようになる。貪りも、食色の欲もある程度までは有用であるが、度を越せば身を害する。欲は必ずしも悪いものではない。仏は一切衆生を助けたいという欲を持っている。霊化とは有害なる欲を有益にすることである。

摂化の次第――初発心より仏地に到る階級

如来は太陽の如く、菩薩は月の如し。月は新月より満月に進む如く、菩薩は初発心より次第に仏地へ進む。

「菩」とは「菩提」のことにて、「覚」即ち仏である。「薩」とは「薩埵《さった》」即ち有情《うじょう》、心の暗き衆生をいう。動物生活をする者は薩埵である。初めて如来の光明に照らされ、人生の意義を自覚した者は三日月の如し。仏性が次第に研《みが》かれて光を増し、十四日夜の月の如くなるまでが菩薩であって、満月が仏陀に当たる。霊化の度が大きくなれば抜苦与楽の功徳も深くなり、善行力も大きくなる。

報身仏は菩薩、浄業《じょうごう》心の所感である。仏には無量の相好光明あって、無量荘厳《しょうごん》の浄土に住せらる。

菩薩の位が進むに従い、所感の仏身も益々高大となる。能感の我が心と所感の仏心と、彼我の差が無くなれば、成仏である。

宗教的に
{ 無量光―円満なる人格（正覚）
{ 無量寿―永恒の生存
　　　　　常住の平和（涅槃）
} 哲学的

「本始」とは「本覚」と「始覚」のことである。本覚とはもとから在る覚《さとり》、始覚とは初めて覚《さと》った仏である。本覚の三身を覚れば始覚である。

聖道門と浄土門の観点の差

聖道門では、ここも浄土であるが、我々が眠っているから見えないのである。醒めると浄土が見える。即ち正覚を得るといって、功を自分に見る。これを自力という。

念仏門即ち宗教では、太陽が上って天地を照らして下さるから、我々は山川を眺めることができるのだと、功を太陽に取る。如来の光明に照らされて、煩悩の闇が次第に消え、浄土が見えてくるという。これが他力である。

有余涅槃――身は娑婆に在れど、心は浄土に住む。

無余涅槃――身は死して一切の苦が無くなれば、身も心も浄土に住む。

無住処涅槃――生死に住せず、涅槃に住せず。衆生済度のために娑婆に出る。

大般涅槃《だいはつねはん》とは、声聞の小涅槃に対し、菩薩の大涅槃をいう。声聞は生死の因を断ち、真空真如を悟るけれども他を救わんとの願いを持たず、何等有益な働きをせぬ。しかるに、菩薩は常楽我浄の四徳荘厳の涅槃を望む。これを大般涅槃という。

（六）炎王光（抜苦、消極的）

炎王光は衆生に脱却すべき悪素質あることを明かす。炎王光とは、火が物を焼く如く、如来の光明は衆生の煩悩を焼き尽くすことを形容したものである。

衆生、生死の根源は深遠にして端なし。故に無始という。無明は一切の惑業苦の源である。一切衆生は今現に心の闇に迷うているけれども、本来霊性を持っている。これを開発すれば、終に仏と成る。

霊性開発は積極的であるが、成仏の妨げとなる悪質を除くは消極的である。不要なる悪質を除けば、有用にして善良なるものが残る。この働きをするのが炎王光である。

一切衆生は顛倒《てんどう》想を抱いている。自ら正しいと思っていることが、実は正しくない。常に迷うている。本来、持って生まれた自性清浄心《じしょうしょうじょうしん》のあることを知らない。妄塵《もうじん》、分別《ぶんべつ》、影像《ようぞう》を自分の心と思う。それらは外から来た影である。心は広くしてはてが無い。瞑想すれば、世界は心の内のものなるを知る。ただし凡夫の心は、広くしてはて無しといえども、はっきりせぬ。大円鏡智が開けると、明らかになる。

衆生は肉の親の子としては、地球上に生存する一微生物に過ぎないけれども、如来の子としては、宇宙万象を一呑《ひとの》みにする心の持主である。

惑（過去）、業（現在）、苦（未来）

この三つは生死《しょうじ》の原因である。惑は無始の無明より出る。我等は何のために生きているかを知らぬ。動物は皆生きていたいという心を持ち、生きるために必要なる煩悩を持っている。食うて、生きよう、食われまいとする。けれども、病的に死にたいと思う者もある。

節制を知らずに、どこまでも取り入れようとするのが貪りである。煩悩は身口意《しんくい》に現われて業《ごう》を作る。惑があっても業を起こさぬ時は苦果を結ばぬ。善業は三善道に生まれる因。悪業は三悪道に生まれる因となり、未来に、それぞれ苦楽を受ける。

我々は生まれながら煩悩を持っているが、人々の持てる煩悩に軽重がある。業に善、悪、無記等の別あって、六道生死の苦を受ける。苦は業より来り、業は惑より生まれる。

惑に見惑と思惑とある。見惑とは知識ある者の惑であって、これに十見ある。今はその中の五利使を述べる。

惑｛見惑（五利使─身見、辺見、邪見、執見、戒禁取見）
　　思惑（五鈍使─貪、瞋、痴、慢、疑）

身見──わが身に関する思い違いである。ヘッケル［一八三四〜一九一九］の如きは、人を造る物質そのものを霊魂と見ている。脳の細胞が霊魂であって、その外に霊魂というべきものを認めない。しかして脳の細胞は生殖細胞の分裂によってできたものなれば、生殖細胞が霊魂だと見る。一つ一つの細胞に霊魂ありと主張する。肉体の外に霊魂なく、死ねば何も無くなるという。これは真理を如実に知らぬ迷いである。ヘッケルは身見の惑に陥っている。知識の無い者は、かかる誤った理屈を固守せぬ故に、見惑に陥らぬ。

辺見――一方に片寄った考えである。これに断見と常見との二つある。人が死ねば、霊魂も消えるという如きは断見である。また、人の霊魂は、どこまでも人である。犬は何度生まれかわっても犬だという如きは常見である。これらは共に真理でない。

物質を集めるものは霊魂である、霊魂の在る処に物質が集まる。蜜蜂あれば、蜜を集める。王蜂のいる処に群蜂が集まる。霊魂は少なくならぬ。もし人間の霊魂が、いつまでも人と生まれるならば、修養の必要がない。しかるに事実は、霊魂に異熟性あって変化し、人は常に人として生まれず、鬼とも仏とも成る故に修養を怠ってはならぬ。

邪見――聖人の教えを否定し、真理をくらます考えを邪見という。因果の道理を否定する如きは邪見である。

執見――先入主に捕われること。宗教において、邪教でも先に入れば、後に真理を教えてもそれを信ずる邪魔になることがある。

戒禁取見——苦行によって解脱が得られるという如き迷いをいう。印度に事牛外道、事鶏外道等の五外道がある。牛や鶏に仕えることにより成仏せんとする。かくの如くせねばならぬという迷いの条件に捕われるのを戒禁取見《かいこんじゅけん》という。キリストの肉（パン）と血（赤い葡萄酒）によらねば助からぬといって、パンを食い、酒を飲んで天国を願う如きは真理でない。キリストの肉と血は、神によって霊化された。我等もまた、キリストに習って、己が身と心とを神に献げて霊化されんことを願うはよい。

思惑の五鈍使（貪、瞋、痴、慢、疑）

思惑は本能的惑であって、生きんとする欲望より起こる生理的衝動である。

貪——生きんがために役立つ物が手に入った時、病的に我がものとして貪ること。

瞋——生命、財産を妨げられる時に起こす怒。

痴——人生の真意義を知らず、徒らに生きる相《すがた》。

慢——うぬぼれ。人は誰でも、自分に何かとりえがあると思っている。もしこのうぬぼれがなくなれば、人は死ぬ。これあるがため、己が生命を保護して生きる。うぬぼれは凡夫活動の原動力であり、心の糧である。

疑――真実を見る明なき故に、是非、取捨に迷うこと。

三障―業障、罪障、煩悩障

業に三障あって、光明に背き、六道生死の苦を受ける。

業障《ごっしょう》とは過去世において犯した業の障りである。如来心と合一できぬのは、この障りのためである。人は皆、この業のために、先天的に苦を受けねばならぬ。業障に黒障、黄障、白障の三種がある。これらは、仏道修行の程度により、業障の薄らぐ次第を示したものである。

罪障とは現在犯しつつある業の障りである。迷いのために煩悩を起こし、不急のことを争い、急ぐべきことを知らずして徒らに明かし暮らし、光明に向かわず、生死の苦を受ける。

煩悩障とは未来に造る罪の障りである。

これらの障りは、念仏によって、焚《た》き尽くされる。

○光化の心相（宗教心理論）

今までは宗教の形而上論であった。今は直接、我等の精神に及ぼす如来光明の働きを論ずる。即ち宗教心理論である。普通、心を知情意の三つに分けるが、今は四つに分ける。心に迷いと悟りとある。迷いに三善と三悪とあり。悟りに四聖《ししょう》ある。

生まれながらの我等の感覚は汚れ、感情は苦にして、知見は暗く、意志は罪を造る。如来の光明は我等の感覚を浄化し（清浄《しょうじょう》光）、感情を融化し（歓喜《かんぎ》光）、智見を開き（智慧光）、意志を霊化する（不断光）。

人は苦を逃れんとして、外界の物で治そうとする。苦を感ずるものは心なれば、心を改めなければ楽とならぬ。

如來	清浄光―五根浄化	感覚―汚染	凡夫
	歓喜光―感情融化	感情―苦悩	
	智慧光―智見啓示	知力―無明	
	不断光―意志霊化	意志―罪悪	

（七）清浄光　五根浄化

人は先天的にも、後天的にも、感覚に汚れを持つ。経〔仏遺教経〕に「五欲の恐るべきは、大火を捨ておくよりも甚だし」とある。罪悪は多く肉欲より起こる。それ故に、五欲を五塵とも五賊ともいう。

習慣↓必需↓病的↓悪弊症

これらの悪弊症《あくへい》を除くには、それに代わる良きものを与えるがよい。一心に念仏すれば、生まれつきの汚れが除かれて、自然に善い性が現われて来る。

五根の過失即ち感覚欲を除くは消極的であり、八面玲瓏《れいろう》、六根清浄となすは積極的である。

人間――肉眼《にくげん》、肉耳、肉鼻、肉舌、肉身
天人――天眼《てんげん》、天耳、天鼻、天舌、天身
二乗――慧眼《えげん》、慧耳、慧鼻、慧舌、慧身
菩薩――法眼《ほうげん》、法耳、法鼻、法舌、法身
仏陀――仏眼《ぶつげん》、仏耳、仏鼻、仏舌、仏身

肉眼乃至肉身は機械的にできている。天眼乃至天身は人間でも修行して天眼を得れば、神通感応して、肉眼を用いずして、現世界のことがわかる。慧眼乃至慧身は超感覚的である。我等も心を静め、五根の働きを止めて観念すれば、宇宙と一体となり、無の世界となる。感覚はなくなり、ただ、智慧のみあって、真空真如を証得する。身は世界なり、世界は身なりと証《さと》る。これが二乗［声聞縁覚］の証りの極みである。法眼乃至法身——超感覚の中に勝妙の五妙境界を感ずる。肉眼なくば、肉体見えざる如く、法眼開けずば、法身が見えない。我等、もし法眼開くれば、肉身を持ちながら、浄土の荘厳を観見することができる。仏眼乃至仏身——仏眼は慧眼と法眼とを合わせ働く故に一毛端に無量の世界を見る。

肉の六根に対して六境あり、六根、六境を十二入という。これに六識を加えて十八の界という。肉眼清浄となれば、十八界清浄となる。

（八）歓喜光　感情的信仰

宗教の中心真髄は感情にあり。この光は、消極的には一切の憂悲苦悩を除く。天然の人は幸福主義。顛倒せる故に、苦を感ずることが多い。たとい理論に明るく、如来の実在を証明し得ても、感情的信仰に入らずば、活きた信仰ということができない。如来を謗《そし》らるる時は、三百の矛《ほこ》をもって刺さるる思いする如きは、感情的信仰である。人は誰でも、今は苦しいけれども、先になれば、楽しみがあろうとの望みを持っている。けれども、先へ行っても同じことである。人生は肉の幸福を求めるためでない。

人の四顛倒想

身は不浄なるに、浄と思う。感情（受）は苦なるに、楽と思う。心は無常なるに、常住不変なりと思う。法は無我なるに、我（自由）と思う。

経〔スッタニパータ〕に「人の身は不浄を包み、九つの孔より漏れる」とある。ベルグソン〔一八五九～一九四一〕曰く「人の心は大なる速度にて変化する」と。これは実験心理学の証明するところである。

法とは理法であって、人間の自由にならぬものである。人は天則によって縛られている。この世は修行の道場なれば、苦しくとも、心を鍛錬せねばならぬ。心は変化すればこそ、向上するのである。

天然の人は世界観も顛倒している。即ちこの世界は我等に幸福を与えるものであると思っている。けれども、事実はそうでない。如来に帰命すれば、永劫の安寧が得られることを知らない。

（仏）	（凡夫）
身──浄	不浄
受──楽	苦
心──常	無常
法──我	無我

入信の動機

無常及び苦を厭い、あるいは自己の罪悪に対する苦悶より信仰に入る。釈尊が道を求められた動機は、老病死を厭われたことである。キリストは罪悪より逃れんとして信仰に入った。

浄土教は娑婆を厭い、浄土を欣《ねが》う。善導大師は「自身は現に是れ罪悪生死の凡夫」といって救いを求められた。入信前に、己が罪悪を感じた者が、入信後いよいよあさましき我《われ》なることを知り、これくらいでよく済んでいる、どうしてこの恐るべき罪の身を救って頂けるかと、真剣に道を求めるようになる。

内に限りなき煩悩あり、外には様々な誘惑が待ち伏せている。煩悩の薪《たきぎ》は高く積まれ、誘惑の烈火は我を取り囲んでいる。しかして解脱の力なき己を見る時、如来に対して感情的に救いを求めるようになる。

感情の信仰

感情の信仰は帰命、融合、安住と進む。

一、**帰命**（感情）――この時代の信仰は如来を彼方に見る。如来を絶大なる威力者と見て熱烈に救いを求めるが、我が心は果たして如来に通っているや否やと気遣う。己が身命を献げて如来にすがる心相である。

二、**融合**（心情）――信仰が次第に進み、如来と自分とが融け合うた心相である。三昧現前し、慈悲の面影を拝み、心が如来の中に融け込む。神秘融合。真言宗では三密加持、入我我入という。神秘の霊感は、外からうかがうことができない。その人の心の中に立ち入らねば味わうことができない。この時、如来は我がもの、我は如来のものという満足を感ずる。好きな人と結婚したいという心は、感情的信仰に似ている。しかして思い通りになり、夫婦同棲し平和な生活をしている有様が、融合の信仰に当たる。融合の心情は、深き淵に魚の住む姿に似ている。

キリストは神を天国に見て熱烈に、感情的に焦がれた。お釈迦様も出家の当時、妻子も王位も、一切を捨てた時は感情的であったが、三十歳にして大悟徹底し、融合の信仰に入ったのである。キリストは十字架上において神に融合した。もしお釈迦様の如くに、八十歳頃まで生きていたならば、融合、安住を得て、穏やかな伝道ができたであろう。

法然上人と親鸞上人［一一七三〜一二六二］は、丁度お釈迦様とキリストに似ている。法然上人は証入してあったが、親鸞上人はまだ帰命の時代である。法然上人に比べては、証入の度合いが足らぬ。けれども助かってあることは確かである。

三、**安住**――安立《あんりゅう》ともいう。情操的信仰である。信仰がここに至れば、心は常に如来の中に安住する。自分の心は地球の如き小さい処にばかり住んでいない。宇宙が住家である。

夫婦の間には情操あって、互いに冒《おか》し、冒されず、道を守る。信仰においても、また、深く如来を信じた上は、千仏万仏が現われて、わが信ずる如来の実在を否定するとも、如来を信愛する情に少しのゆるぎも無く、外からの碍《さまた》げでは信仰が動かされない。これが安住の信仰である。歓喜の心はここから湧き出る。

（九）智慧光

仏智見開示。開示を啓示、または黙示ともいう。

知的作用のうちで、人生観、宇宙観などは、単に人間の方面より見たものである。しかるに、啓示は如来より与えられるものである。これを得たのが証信である。

仏智見開示のことを、キリスト教では啓示または黙示という。それは如来の実在を正しく示されることであって、実感である。また、聖霊を感ずるともいう。三昧成じて霊感を得ることである。啓示が深くなれば、開示悟入と進む。

啓示に伝承的と親躬《しんきゅう》的との別がある。信仰に入るに、聖道門では戒定慧《かいじょうえ》の三学による。即ち入門の初めは持戒である。キリスト教では、洗礼を入門の式とし、念仏門の内、真宗は信心以本。浄土宗は念仏以先で信仰の門に入る。

真宗は「当流の安心は云々」という。これは伝承的である。自ら一心不乱に念仏して悟るは親躬的である。

啓示に内的啓示と外的啓示とある。経文は心霊界のことを説くが外部を示すのみ。即ち外的啓示である。教権文字は方便である。実感、実証は内的啓示である。

啓示の心相

仏智見開示後における心相を説く。啓示に形式四相あり。

開（十住）　如来蔵開かれて体を見る

示（十行）　空、真如の本体を悟る。

悟（十回向）仮、心の内外に現われたものの総て。

入（十地）　中、空ならず、仮ならず。

信仰の進みにおいて、かくの如く階級的に如来の徳が示される。諸仏がこの世に出られるのは、衆生の仏智見を開示悟入せしめんがためである。

一心に十界あり、各界に十界ある故、百界となる。宇宙に十界ある故に千界となる。しかして各界に空仮中《くうげちゅう》の三観ある故に一心三千という。これを明らかにするを「示」という。

光明主義の開示悟入

光明主義では

開——感覚的啓示—勝妙の五境（色声香味触）を感ずる。即ち浄土の依正《えしょう》を観ずる。

生活になくてならぬ一切の道具立てを依報《えほう》といい、主人公を正報《しょうほう》という。天地、宮殿、宝樹等は依報にて、仏、菩薩は正報である。

示――如来の内徳即ち智慧、慈悲が示される。仏身を見る者は、仏心を見る。仏心とは大慈悲是《これ》なり。如来の説法を聴き、預言される。

悟――如来の法身体を悟る。姿や形を立ち越えて、何ともいわれぬ霊妙体を悟る。これと浄土の荘厳や仏の相好は一体不二なることを知る。

入――無量の総持、三昧を得る。神通を得、一切仏法に証入する。

（十）不断光　意志の信仰

主我主義（我欲）
世界動機（名誉、財産、即ち名利）
世俗情操（義理、人情）

我等が一日一夜に起こす八億四千の念々の原動力は意志である。これが人格の核を結ぶ原因をなす。

不定《ふじょう》意向は三善道、三悪道の業因《ごういん》である。

弥陀の本願（聖意）を得、回向とて、己が意志を聖意実現に振り向ける時は正定聚《しょうじょうじゅ》に入る。

日常、感情の動かぬ時でも、意志は動く。意志に不識的と意識的との別あり。赤子が乳を飲むは、意志なきに非ざるも、不識的である。また、初めに注意してしたことも、たび重なりて馴るれば、不識的に容易にできることがある。

消極的方面――まだ光明を受けぬ間は自覚なき故に、動物的である。光明を獲《う》れば、名利の欲や世俗情操に捕われることはよくない、即ち真理にあらざることがわかる。人は宗教的の大自覚なくとも、各々《おのおの》何か主義を持っている。子供や愚かな人は本能的欲望で動く。それが発達して意識的即ち主我主義となる。自分の物と他人の物との別を知り、そこに我欲が起こる。そして人生の目的は肉欲我欲を満足さすことだと思い、そのために働く。世の中に都合の良い人に成りたい、偉い人に成りたい、などの考えは世界動機に基づくものである。かかる心に支配されてはならぬ。世俗情操とは、義理や人情であって、人格の中心をなすものである。

理想が我欲や名利に在る間は、情操卑し。人により、意向即ち心の向け方が違う。情操が中心となって、意志が外に動き出すのである。信仰に入れば情操は変わって来る。入信前は不定意向であって、因縁により、三善三悪となる。たとい善を為すとも、その動機は六道を出でぬ。人生の目的は、生死の夢から醒めて、大般涅槃を証するにあり、との大自覚無き故に、十二因縁により、六道に流転する外ない。

積極的方面――弥陀本願――至心信楽欲生

回向発願心《えこうほつがんしん》とは、欲生《よくしょう》の心である。霊に活きたいというは、至心信楽《しんぎょう》である。真宗では回向を、如来より我々に下さることとしている。我等は、こちらの煩悩心を如来の方へ振り向けることを回向という。即ち回向とは意向である、としている。今までは、何事も人生を自覚せずにしていたが、如来を大ミオヤと信じてからは、ミオヤの許《もと》に帰りたいという心から、一切の行動をその方に向ける。これが回向である。発願とは、極楽に生まれたいとの希望である。この徹底した希望により、一日一夜の間に起こす八億四千の念々は皆、最高目的に向けられる。

如来の本願による回向を菩提心という。

菩提心｛願作仏心―親の如く円満になりたい。
　　　　願度生心―一切衆生を救うために仏に成りたい。

これが入信後の人生観である。最も遠大なる希望である。この願いを起こして念仏すればよい。この願は菩薩の人格を造る中心となる。これが仏子の自覚であって、動物我に生きる者の知らざる心境である。

執意的――柿の実が風雨にあっても枝を離れず、しっかと取り着く如くに、人もまた、他人の仕向けに心を止めず、一心不乱に念仏すれば、次第に円満なる人と成る。

作仏心の道徳――慈悲、歓喜、正義、安忍等

今までは、善を行うて仏に成ると思いしも、善を為す心全体を如来に振り向けること、時々行う善の代りに、心全体を作仏心としてしまうことが、大自覚の回向心である。

自分が気をつけて心を正しくするのでなく、如来を信楽することにより、光明を被り、明るく歩めるのである。本能的の悪は罪にならぬけれども、悪い習慣を造らぬように気をつけねばならぬ。

仏道から見れば、日本国民は、まだ子供である。それに、宗教家という、乳母《うば》をつけねばならぬ。その乳母が居眠りをしている間に、子がいたずらをして、人を傷つけ、道具を壊し、自分がけがをしたとて、子を罰するのは不都合である。子供は善悪を知らずしてするのである。

国民が罪を犯し、苦しむは、乳母たる宗教家の責任である。

○宗教倫理

（十一）総論　信仰生活の三階

一、**難思光**——喚起位（四念処《ねんじょ》、四神足《じんそく》、四正勤《しょうごん》、五根、五力）信仰の種蒔き。無経験故に難思光。

二、**無称光**——開発位（七覚支）信仰の花開く。実感は説明できぬ故に無称光。

三、**超日月光**——体現位（八聖道）信仰の実を結ぶ。心の内を照らす如来の光明は月日の光に超えて貴き故に超日月光。

信仰に入って、悦びを覚え、意志が強くなり、人格が円満になるなどは、宗教心理に属することである。行《ぎょう》は意志の現われである。知り、行いたくとも、意志が動かぬ時は行為とはならぬ。

（十二）難思光

信仰喚起の因縁

因とは生まれながらにして持つもの、縁とは外より助けるものである。性因《しょういん》とは本性の心地。土地の心を詳しくいえば、土は総、地は土地のあるもの。植物は土地に生える如く、宗教は人の心という心田地に育つ。通じていえば、一切衆生は皆悉く仏性（心田地）を持っている。別していえば、宗教に向くものと、向かぬものとがある。

- 入信
  - 因
    - 性因
      - 遠因―仏性（心田地）
      - 近因―宿因（遺伝もあり）
    - 種因―名体不離（名号）
  - 縁
    - 遠縁―如来の光明
    - 近縁―師友、知識の保護

宗教に向くは、宿因や遺伝による。

種因に人天、二乗、菩薩、仏乗等あり。心田地は法身より受け、名号《みょうごう》は報身より受ける。名体《みょうたい》不離であるが、こちらの見方によって大差がある。同じく名号を称えても、信仰に応じた仏しか拝むことができない。

真宗は信心を正因とし、浄土宗は念仏

を正因とする。宗教心理よりいえば、信心正因という方がよい。信仰の階級よりいえば、念仏正因の方がよい。念仏によって信が獲られ、信によって念が起こる。信を養うものは念仏である。

内に因あるも、外から助ける縁なくば、信仰は育たぬ。即ち縁として遠くは如来の恩寵、近くは師友の保護がいる。お釈迦様は「我れ法を説くは、月を指すが如し」と言われた。

至心（真実心）｛信―知力　愛―感情　欲―意志

喚起位を資料位ともいう。衆生は皆、心田地を持っているけれども、種のよく育つのと、育ち難いのとがある。石地の如く、信仰の育ちにくい心田地を一闡提《いちせんだい》という。これは宗教に向かぬ。往生の正因は念仏である。これを養うに三心《さんじん》、四修《ししゅ》、五正行《ごしょうぎょう》あり。三心とは、心田地をよくすること。信、愛、欲。これは強き身体に当たる。四修は食物即ち信仰を育てる栄養分である。至心は心の備えであって、消極と積極との二面あり、まことに信ずれば、如来を愛慕せざるを得ぬ。孔子曰く「衷心《ちゅうしん》、これを嘉《よみ》すれば、何《いず》れの日か忘れん」と。

法然上人のお歌に

われはただ仏にいつか葵草《あおいぐさ》　心のつまにかけぬ日ぞなき

孔子また曰く「賢を賢として、色にかえよ」と。如来を愛すれば、その徳に霊化される。けれども、初めは、如来の威徳を知らぬ。人格卑しきは、感情下劣なるによる。つまらぬものを愛するは、人格卑しき故である。

一休和尚は後小松天皇のお一人子である。母君は南朝の出。楠木氏も新田氏も亡びて、足利氏が北朝を立てたがため、一休の母、ほとけ御前は、北朝の光明天皇を弑《しい》し奉らんとした。それが知れて死刑に処せられんとしたが、一休さんを胎内に宿していたから赦された。それで一休さんは出家したのである。修行に大層熱心であった。

本来の面目坊が立姿　一目見るより恋とこそなれ

われのみか釈迦も達磨も阿羅漢も　この君ゆえに身をやつしけり

これは一休さんの歌だといわれている。

欲生――極楽に生まれたい、如来を我がものにしたいとの心である。

極楽に生まれる資格を作るための至誠心は、単にうそを言わぬ、天真爛漫という消極的のものでは駄目である。誠は形式なり、心の容器なり。真実心は中身を入れる容器である。容器が大きく、強くとも、内容が貧弱では価値がない。信、愛、欲は信仰の内容である。信仰は水の如く、衆生の信水澄む時は、如来の月影が宿る。信仰なき人の心に如来の光明は感ぜぬ。

馬に向って「天の恵みを感謝せよ」というも、馬は返事をせぬ。馬が偉いから答えぬのではない。つまらぬ心だから答えられぬのである。天地間に拝みたいような人はないという人は、牛馬に似ている。目に見える物の中で、最も偉大なものは太陽である。

金剛の心ができると、如来が有り難くなる。信仰は念仏によって起こり、信仰によって如来の光明を受ける。信心は倫理や道徳では研《みが》かれない。

趙《ちょう》氏連城の璧《たま》――卞和《べんか》という人は立派な玉材を見出した。玉屋が「それは名玉ではありませぬ」と言った。王は怒って、卞和の右脚を断った。それで二番目の王様に、その玉を献げた。また左脚を断たれた。人々は、卞和に「これからは、決して玉を王様に献げるな」と忠告した。彼は名玉を知る人なきを嘆いたが、第三の王なる趙の恵王は、玉の真価を知って、それを獲た。秦の昭王が十五の城とその玉とを取り替えようと申し出たという話。

この珠《たま》のように、尊き方がいても、信仰の目なき者にはわからない。

五正行《しょうぎょう》――これは喚起、開発、体現の三位に通ず。

読誦《どくじゅ》正行。文字を見てよむを「読」といい、暗記して称うるを「誦」という。

礼拝《らいはい》正行。礼拝により心霊を育てること。

観察《かんざつ》正行。瞑想して仏や浄土を憶念すること。心の鏡が研かれて仏心が映るようになる。

称名正行。これが最も大事である。
讃嘆供養正行。

(十三) 無称光　開発位

加行《けぎょう》位より見道位へ。四念処(身念処、受念処、心念処、法念処)を聞きて信仰に入り、五根、五力と進み、開発位、体現位と進む。

四修(恭敬修、無余修、無間修、長時修)

恭敬修《くぎょうしゅ》――宗教は本尊に対して無上の尊敬を献げ、身命を打ち任せて救いを求めねばならぬ。今、自分は心霊界のことについては、全く目に見ることも耳に聞くこともできず、愚鈍であり、何の価値もなき者なることを知らねばならぬ。如来のお救いなくば、我等は滅びる外ない。しかるに如来の在しますことを知らぬ愚者である。今は、在しまさざる処なしという如来の相好を見ることも、御声を聞くこともできぬ者である。されば「己を見ること、死猫《しみょう》の如くせよ」と教えられている。恭敬修なくては、宗教は成り立たぬ。

釈尊は提婆達多《だいばだった》の悪計を恐れず、悲しまず、平然たりしは、人には知れざりしも、世尊は提婆のことをよく知っていられたからである。提婆は前世で釈尊の師匠であった。そして今、仏の偉大さを証明するために、この世に現われて色々と迫害しているのである。このことが、法華経を説く時に至り、初めて一般に知れたのである。

無余修《むよしゅ》——信仰は一心でなければならぬ。雑多な思いを起こしては駄目である。多神教は幼稚な宗教であって、如来の影を拝む宗教である。唯一の神は如来である。一切諸仏、菩薩は如来の分身である。

余仏余神を雑《まじ》えず、純一に弥陀一仏に救いを求めるのが無余修である。

無間修《むけんじゅ》——信仰の相続において、念々相続は上、時々相続は中、日々相続は下である。己が過ちを知らば、すぐ懺悔《さんげ》せよ。そうせぬ時は、悪いくせが深く心に浸み込む故に念々に懺悔せよ。

積極的には如来に向かって念々に進み、消極的には己が汚れを去るは無間修である。

長時修《じょうじしゅ》——以上三つの修行を生涯続けるのが長時修である。資料位で念仏三昧の準備をしておき、次の一週間で必ず発得《ほっとく》できるという信念を得て別時に臨む。これが加行位である。しかる時は、一週間の後に見道位に進み、如来の光明を見ることができる。今までは煩悩で行動していたが、見道位に入れば、無漏の聖道《しょうどう》に入り初めたのである。かくなれば信仰が開発され、心の花が開いたのである。五根五力は準備時代であり、見道位に入って七覚支の花が開く。

七覚支（択法覚支、精進覚支、喜覚支、軽安覚支、定覚支、捨覚支、念覚支）

宗教的神秘の霊感を経験すれば、それだけ信仰の上に覚《おぼ》えができる。

択法《ちゃくほう》覚支――択法とは簡択《けんちゃく》の意である。今までの修行により、信仰のめあてが定まったことである。即ち念仏するのは何のためかという見定めのついたことである。如来に向かって打ち込む心の的の定まった状態を択法覚支という。

精進覚支――一心にして余念なき状態である。大いに努力しなければ雑念に捕われる。

喜覚支――念仏三昧により、心が研けると夜明けの気分を感じ、三昧中に喜びを感ずる。

軽安《きょうあん》覚支――喜びを通り越すと、軽安を覚える。外道は定中に喜楽捨を感じ、そこで止まり、それ以上進まぬ。三昧楽に味着《みじゃく》してはいけない。

定《じょう》覚支――定に入り、心は如来に融け込む。

捨覚支――初めは注意を怠ると、心はほとけ念《おも》いを離れるけれども、ここに到れば、任運無《にんうんむ》作《さ》に定に入る。何事も心を用いる間は苦しいものであるが、熟達すれば楽になり、興味が湧いて来る。定が自由になれば捨になる。

念覚支――捨が進めば念となる。即ち如来の中の自分である。如来と一体。自分の中に如来在しますようになる。この心から出る念と、今までの念とは全く異なる。

念は種子核を養う。念仏三昧により七覚支の花開き、身口意《しんくい》の三業《さんごう》に信仰が現われ、仏子の人格が成るのである。

三昧中の喜びや定中の感じは、口で言い表わすことができないから無称光という。

信仰とは如来の恩寵を仰いで、光明を獲得《ぎやくとく》することである。動植物を通じて生活に入れば、その持てる性質が発達する。米が俵の中に在る間は、生理的変化を見せぬけれども、水田に蒔けば生活期に入り、芽生えて大きくなる。やがて花開き実を結ぶ。実を結べば、稲に肥を施しても大きくならぬ。信仰生活も、これとよく似ている。誰もが仏性《ぶつしょう》を持って生まれて来ているが、放任して置いては俵の中の米の如く、仏子の性格が現われない。念仏して如来の光明に育てられる時は、水田の苗の如く、信仰は念々に育ち、花咲き、仏子としての人格が心の上に実るのである。肉体は心を実らすために必要である。

凡夫は小我を我として生死界に在り、二乗は小我を滅して真空真如を証得し、菩薩は真空真如を証得した上に如来心を己が心として活動する。

（十四）超日月光　体現位

地球上に在る一切の生物は太陽によって養われている如く、我等の心霊は如来の光明を離れては活きられぬ。如来の光明は太陽の光の到らぬ、人の心の奥まで照らす故に超日月光《ちょうにちがっこう》という。

日光（光線、熱線、化学線）

信仰は体現位に到れば、三業四威儀に如来心が現われる。三業とは身（行為）と口（言葉）と意（思想）とである。四威儀とは行、住、坐、臥をいう。

如来の光明｛智慧　六百巻の大般若は此の光より出る。
　　　　　　慈悲
　　　　　　威神　悪人を善人となす。霊化する。

我等は動植物と等しく太陽に生かされているが、如来の光明を被り、霊に活かされ得るのは人間ばかりである。霊的光明の反射は弘法、法然、日蓮等の上に見ることができる。如来の光明を受けた人と受けざる人との間に霊的に非常な差がある。

宗教の大事は人格の完成にある。人生を自覚せぬ人の日暮らしは動物生活である。自覚しかけたのが信仰の喚起位で、心の花の開くは開発位、実を結ぶは体現位である。

如来の光明に育てられると、誠に麗わしき内容ができる。人の性、相近く、習い相遠し。

三心 ｛ 信・愛・欲 ｝
愛・欲 → 執心（悪に向けず、善に向け、執心して、実を結ばしめよ）

阿弥陀経に「執持《しゅうじ》名号《みょうごう》」とある。如何なる場合にも名号を執持して、仏子の実を結ばしめよ、との教えである。

真理を知る智慧を般若《はんにゃ》という。経を知る智慧である。経文に実相般若、観照般若、文字般若の三つある。阿弥陀経の実相般若は仏眼なき者には見えない。実相を仏眼で見るのが観照である。凡夫は実相を見ることができないから、文字で示された経即ち文字般若を見る。毎朝の読経は生活の序文であり、一日の活動は本文である。

中井常次郎の聖者随行記（8）

上人の教導のご態度

八月四日、今日からいよいよ安居《あんご》（一定期間の仏道修行。ここでは念仏修行会）は始まった。午前三時に起床、洗面後すぐ本堂で「晨朝《あけ》の礼拝」と念仏三昧である。それが六時ごろまで続く。朝食後は十二光仏の講義を毎朝拝聴することになった。

安居の始まった日、松井君は上人に「死後はどうなりますか」と尋ねた。上人は、

「心霊界で法身の菩薩となり、次第に進んで成仏する。この土は修行の道場である」

と教えて下さった。

八日に弟が東京から遊びに来た。自分は彼を上人の御前へ連れて行って挨拶をさせた。弟が頭を上げたのに、上人はまだお上げにならぬ。彼はきまり悪そうにしていた。上人は初対面の人に対して、よくこのようになさることがあった。また私どもが争いやいたずらなどするのを見られても、黙っていられることが多かった。良くないことや間違

いを申し上げても、頭から叱ったり否定されず、「それでもよろしい」と言われた。それで私どもは、この「でも」を頂けば「いけない」のだと心得ていた。

上人は初めての人には実に丁寧であった。そして信者はみな上人をわが親のごとく思い、有り難く、慕わしく、尊く感じ、お弟子の末席に加えられると、そろそろ鍛えられ始める。少しでもお叱りを頂けるようになればしめたものである。

ある日の夕方であった。上人は書院で手紙をお書きになっていた。一匹の蚊が上人のお頭《つむり》のてっぺんに留まり、血をいっぱい吸っていた。私はそれを叩きたく思ったが留まり所が悪い。上人様は左手の手のひらをおつむにつけて、前の方から、しずしずと後方にすべらされた。血を満喫した蚊は重そうに飛び去った。あとで上人様は仰せられた。

「蚊を叩き殺すと針が残って、いけない。そろっと追えば針を抜いて逃げる」

【その十二】信州唐沢山阿弥陀寺別時における講話

（大正九年八月十八日～二十四日）

（一）念仏三昧を宗となし、往生浄土を体となす

念仏とは己が心を全く如来に打ち込むことである。自分の暗い心と、如来の光明とが一つになると、暗い心が明るくなる。闇が如何に深くとも、光明には勝てぬ。光明来れば闇は去る。我等の心は無明の闇や罪汚れある故に、それらを除かねばならぬ。即ち宗教の必要がある。自分が罪悪生死の凡夫だということを知り、解脱したいという心が起こらねば、宗教を求めない。信仰に入って仏に同化されると、何とも言われぬ有り難さと楽しさを感ずる。生まれながらの人間は人生の目的を知らぬ。けれども、念仏すれば如来の智慧光に照らされて、人生の意義が知れて来る。如来の御姿が見えずとも、誠に信ずれば有り難さを感じ、力が湧いて来る。心のロウソクに如来の火がつけば、それから信仰生活が始まる。心に如来の光が着いた時、三昧成れりという。如来と自分とが一つになる。即ち光明獲得《ぎゃくとく》を宗とし、光明生活を体とする。

お釈迦様の時代から、心の生まれ更《かわ》りと体の生まれ変りとがあった。即ち有余《うよ》涅槃と無余《むよ》涅槃があった。如来の光明が燃えつけば、心が広くなる。そして入信前の自分を考えて見れば、空しく生きんがための獄中に在った思いがする。業《ごう》の獄中に苦しんでいた者が、念仏により業障、罪障が除かれ、生死《しょうじ》の獄から引き出される。広い天地に出されると楽になる。これを有余涅槃という。

人生は如来に向って進む向上の生活である。極楽へは往き易く、地獄へは行き難い。念仏すれば法爾《ほうに》の道理として極楽に生まれるけれども、殺生《せっしょう》の如き恐るべき罪を犯さなければ地獄へは行けぬ。

人間には罪障がある故に、初めから仏性に信仰の火が着かぬ。念仏によりまず業障、罪障が燃え失せて後、本性が現われて如来の光明が燃えつくのである。

三昧の初めは「習修《しゅうしゅう》」といって、学ぶのである。如来の光明が燃えつけば発得《ほっとく》したのである。信仰の過程で温か味を受けるは、線香に火が着けられたようなものであり、已が心に如来の慈悲が明らかに受け取られたのが発得《ほっとく》である。平生の念仏は、仏心仏行になるためである。

（二）南無の二義

救我と度我——これを安心《あんじん》の南無と起行の南無という。この世で最幸福と最高徳とを兼ね持つは、むつかしい。これを兼ね持てるは聖人である。けれども、極楽では誰にでも、これが実現する。真の幸福は如来に救われねば得られぬ。信仰に入れば、現在は心だけ幸福であるけれども、身はなお因縁に左右されて自由でない。この世は無常、苦空である。それ故に救我《くが》の要求が起こる。そして真の幸福は形の上になくして心の上にある。生まれたままの人（信仰により心の手入れをせぬ人、即ち無信仰の人）は惑業苦のために、まことの幸福が得られぬ。如来の光明により、智見が開けると、解脱を得、自由の人となる。

真宗では「信心を獲得し、感謝の心が起こった時に救われたのだ」としている。その上は正《しょう》定聚《じょうじゅ》不退転の身にして頂いたことを有り難く思うより外なしという。真宗には救我の信を得た人が多い。しかるに、今までの浄土宗では、臨終にならねば、明らかに救われたといわれぬ。中島上人の念仏はそれだ。

光明主義は南無の二面即ち救我《くが》と度我《どが》の二つを完備している。浄土宗では、現身で救われた、生まれた、よみがえったといわぬが、光明生活という本を書いたり、演説する。光明生活とは、救われた生活のことである。どうも矛盾している。かかる人の書いた本は信頼するねうちが無い。

真宗の欠点は、度我の願いの少ないことである。

「度」とは「波羅密《はらみつ》」即ち向上することである。念仏も初めから、うまく行かぬ。一心に相続すれば、次第に進み、徳が高くなる。幸福を感じさえすればよいという念仏ならば、救われた上は、娑婆で生きているよりも、早く死んで極楽へ往生する方が利巧である。この世の暮らしは感謝ばかりではない。名刀は焼かれ、打たれ、研かれて成る。仏は神通力をもって衆生を救うほど楽しいことはない。菩薩も同様である。度我については、真宗は如来に任せ切りである。

(三) 第十八願

如来に法性《ほっしょう》法身と方便法身とある。これを法身と現身あるいは本仏と迹仏ともいう。

如来とは如何。法性は一切万法の根源である。天地万物、一として法則によらぬものはない。この時の「法」は「本体」である。本仏は造られたものでなく、できたものでもない。人間の有無にかかわらず実在するのが本仏である。この本仏の働きから、衆生を救うために現われたのが迹仏である。法身より受けたる仏性を開発するのが報身仏である。お釈迦様は報身仏の心の奥までよく御存知である。

猫に人間界のことを聞かせても解らず、赤子に親の心を知らせることができないように、心眼の開けぬ凡夫に浄土や仏様のお姿は見えず、お声が聞こえない。けれども親子対面のできるように、応身仏がこの世に出られるのである。即ち浄土なる親の許へ帰る道を教えるために出世されるのが、お釈迦様の如き応身仏である。応身仏がこの世に出られるには一定の法則がある。それは八相応化《はっそうおうげ》の法則である。

我々は法身仏から仏性《ぶっしょう》を頂いて来ているけれども、放任しておけば育たぬ。弥陀の四十八願は報身の光明により仏性を育てる法則を説いている。これにより親子対面の望みが叶えられるのである。

衆生のために、安心のできる幸福者にしてやりたいというのが如来の本願である。人はこの世で生きている間だけでは、完全円満に仏性を育て上げることができないから、浄土へ連れて行き、そこで完成されるのである。

輪廻——私共が前世で犬であったとするも、今、犬のものを一つも持って来ていない。犬の耳では人間生活に具合が悪い。目も口も手足も毛も心も、犬のものを持って来ず、人として生まれている。皆元に返して、新しく生まれる。人の身も時が来れば、土に返す。極楽に生まれると、法身（肉身と異なる自由無碍の身）という菩薩の身が与えられる。この世の持ち物は、一つとして来生の役に立つ物はない。けれども、ただ一つ変わらぬものがある。仏性の本体が変わらない。これが変われば、自分が救われたことにならぬ。

第十八願は人が今、この世で生きている間に具えておかねばならぬ心の道具立てを教えた願である。学んだ学問も、一切の持ち物も皆捨てて行く。如来と親子の因縁を結ぶのは第十八願である。

草木でも芽生えて大きくなり、実を結べば茎や幹は枯れる。結果は原因となり、原因は結果となって常にこれを繰り返す。人の身も、時が来れば枯れるが、アラヤに結んだ実は色々に変化する。即ち六道に輪廻したり、仏界に生まれる。仏性という心田地に仏種を蒔き、それを育てると仏子となる。形に現われるのは来世であるが、実を結ぶのは今である。これが第十八願の心である。されば今、花を咲かせ、実を結ばせておかねばならぬ。

阿弥陀仏の威神、光明のことをよく聞き、自分の心と仏とを、しっかり結び付け、小我を捨て、聖意《みむね》を己が心として進むのである。

信――信ずる故に仏心入り来る。

愛――感情の信仰。

欲――永劫の大目的に向かってあこがるる姿。

人生の価値は円満な人格として実を結ぶところにある。これが第十八願の心である。安心《あんじん》とは心の据え方をいう。安心を心得て信仰すればそれに報いて助けて下さるのが報身如来である。報身仏の智慧と光明を受けると信仰が活きて来る。如来の心をそっくり受けるのが信である。至誠心《しじょうしん》をもって受ける。儒教ではこの至誠心を道心（天より受けた心）という。

誠に消極と積極とある。うそ無きは消極的であって、悪くはないが、それだけではねうちが無い。誠に内容がなければならぬ。動物は己を保護するためにうそをするけれども、本能的であって、意識してするのではない。人がそれを見てうそと思うのである。だから彼等は人目を憚《はばか》らぬ。即ち動物にはうそが無い。人は是非をわきまえ、人目を憚り、うそをする。動物と聖人とにうそが無い。

積極的至誠――至心に信じ、至心に愛し、至心に欲望す。我が身と心との総てを捧げて如来に打ち任せると、如来の誠を受ける。信が感情的になると愛になる。ここで如来と自分の心とが融け合う。これを融化という。如来に慈悲化される。自分も成仏したいという欲望が起こる。念仏は人格を円満にするために勤めるのである。

阿弥陀様は我等の大ミオヤであることを聞き、念々ほとけ念《おも》いの心になれば、心田地に仏種が蒔かれたのである。信心が芽生えると、如来の実在を疑わぬようになる。けれども、まだお姿が見えぬ。それから信根がでる。如来を求める心が強くなり、お話だけでは満足できなくなる。信仰が芽生え、愛になれば、心の花が咲く。

空海の心の中に咲く花は　弥陀より外に知る人ぞなき

如来の光明を被り、信仰が益々育てられると、往生の資格が成就する。即ち信心の実が結ぶ。これを業事成弁《ごうじじょうべん》という。

(四) 信機、信法

信機――機とは自分のことである。如来の救いを受くべき我なることを信ずるのが信機である。機械は色々の働きをする。我々は宗教上の働きをなすべき機械である。菩薩は万善万行をなし得る機械である。しかるに我等はこの機械を使いそこなっている。それ故に善導大師は「自分を反省すれば、実に罪悪生死の凡夫である」と言われた。我等は自分を知らぬ。一寸先は闇である。毎日三賊五欲の手先《てさき》となり罪を造っている。貪瞋《とんじん》は成仏の縁にならぬ。自分を善人と思う者は、仏を頼む心を持たぬ。うっかりすると、この肉体を養うことで一生を空しく過ごし、せっかく人と生まれて成さねばならぬ大切なことを知らずに死ぬ。禅宗では「我等は無明を父とし、煩悩を母として生まれた。その生まれぬ前を悟れ」という。ダルマの如く考えても生まれぬ前のことは知れず、悟らんとすれば、生まれて後のことばかりが思い出される。

心なくば、苦もなく恐れもない。動物は人間ほど取り越し苦労せぬ。人知の進むにつれて、苦労が多くなる。人は生まれながらに罪を持ち、罪を犯す性を持つ故に、捨て置けば罪人になる。犬が咬みつくから悪い動物だと言ってはならぬ。犬は咬みつく悪い性分を持っているから咬みつくのである。それは元来悪いことをするものである。

人は平生何事がなくとも、煩悩が無いのではない。眠っているのである。時々目を醒まして罪を犯す。忿《ふん》、恨《こん》、覆《ふく》、悩、痴等二十通りの煩悩がある。かかる厄介なものを持っている自分が、自力で成仏できぬと知らば、宗教の必要を感ずるようになる。人間以外の動物は、自分の汚れを知らぬ故に宗教の必要がない。人間には餓鬼や畜生になる性分と反対に、如来に霊化される良い性分もある。

信法――如来の実在と恩寵とを信ぜよ。如来の実在を信ずるとも、その救いを信ぜぬならば無効である。一心に念仏すれば、清浄、歓喜、智慧、不断の光明により人格は高められる。

信に三通りある。仰信《こうしん》、解信《げしん》、証信《しょうしん》。

人により天性で信ずるあり、理性で信ずるあり、霊性で信ずるもある。口に仏名を称うるも、心が外のことを思うては何にもならぬ。

仰信――自分を愚鈍の身になし、ただ一向に信じて念仏せよ。初めは何の感じなくとも、次第に感じて来る。赤子は初めから目が見えているのではない。乳を飲んでいる間に見えて来るのである。ただ一向に信ずるのが仰信である。「なぜか」を言わぬ。

解信――仏法の道理を理解して信ずるのが解信である。信仰により煩悩が霊化されるのは念仏の功徳である。煩悩という賊が念仏により霊化されると、仏道の仕事をする味方となる。信仰が育ち、心の花開けば、欲生心《よくしょう》は盛んになり、やがて実を結ぶ。

人格を大別すれば、一、非人格。二、人格。三、霊格。

非人格――地獄、餓鬼、畜生の性分はこの部類である。ただ、身体が丈夫に育ち、子孫の繁栄を喜ぶ如きは、動物に異ならぬ。それでは、人と生まれた甲斐がない。

人格――修羅、人間、天上の性格者。これらは仁、義、礼、知、信の徳を持っている。けれども、これだけでは成仏できぬ。

霊格――永遠の生命を自覚せる聖者。この光明生活をする霊格者に、上品上生《じょうぼんじょうしょう》より下品下生《げぼんげしょう》まで九通りある。

念仏すれば成仏すると信ずるは仰信である。迷信は真実ならざることを信ずるものなれば、如何に努力するとも望みを果たすことができない。稲荷さんを信仰した人が金を儲けたからとて、誰でも同じように儲からぬ。しかるに仏法は、上下の差別あれど、早晩仏果が得られる。迷信は人格を向上させぬ。身を潤す最大の法は仏法である。論註［往生論註］に「如来の光明は法界に満つ」というに、何故、その光明が我々に見えないのか。それは、信仰の目がないからである。無明の盲者には如来の光明は見えない。

解信は理性によって信を起こすのであるから、学問すればよい。証信は学問だけでは開けぬ。

証信――懐感《えかん》禅師［七世紀後半、生没年不明］は善導大師について念仏三昧を三週間勤めたが、何の証も得られず、罪障の深きを感じ、三年間念仏三昧を精進し、遂に三昧発得《ほっとく》なされた。これが証信である。

往生は世に易《たやす》けれど皆人の　誠の心なくてこそせね

大経［無量寿経］に「易往無人」とある。念仏すれば、一々お答えがあるけれども、凡夫には聞こえぬ。心が外にあるからだ。如来に真正面に心を向けぬからお声が聞こえぬ。如来のお声はこの肉の耳で聞くことができない。禅宗では、隻手《せきしゅ》［片手］の声を聞け、という。音なき声は、心に悟るためである。念仏では両手の声を聞くのである。片手は如来で、片手は我等の信仰心である。如来の慈悲の空気が、宇宙に充ち満てる故、南無と手を打てば、有り難い音が出る。

ロウソクに火をつけるには、方向を誤ってはならぬ。方向が正しくとも、ロウソクを火に近づけねば、火は燃え移らぬ。真宗の和讃に「信心まことにうる人は、憶念の心常にして、仏恩報ずる思いあり」というのがある。これは、心に信仰の火がついた姿を歌ったものである。

如来の光明を、まさしく感ずるようになったのが発得《ほっとく》である。発得は非常にむつかしいものではない。世尊は決してむつかしいことをお勧めなさらぬ。念仏は如来の慈悲の現われである。自分ばかりならば、心は暗く、罪を造るばかりであるが、念仏により慈悲が入り来たり、如来は吾が念頭を離れぬ。そこで如来の慈悲心が燃え移る。煩悩は炭の如く、これに如来の火がつけば、人格が改まる。声聞、縁覚は煩悩の炭が燃え失せて灰となったようなものである。灰に火は移らぬように、二乗には如来のお慈悲は移らぬ。かくの如く、如来の光明を受けぬ善は真の善でない。境遇によって、それは悪になる。故に禅では、悟らぬ前の善悪は、皆悪であり、悟ってからの善悪は一切善であるとする。

信に敬と愛となければならぬ。宗教では本尊を尊崇することが大切である。即ち如来に対する尊敬の念が大事である。尊崇性が開発されると、益々仏が有り難くなる。動物には尊崇性が無い。馬は何を見ても頭を下げぬ。馬が偉いのではない。尊きものを感ずる性を持たぬからである。信仰が進めば、如来のお姿とお心とが自分の心に映るようになる。霊化されて智慧と慈悲とが自分のものとなる。

祈りても志るし無きこそ志るしなれ　おのが心にまこと無ければ

念仏に三通りの心がある。請求《しょうぐ》、感謝、咨嗟《しさ》。

請求の念仏――請求とは如来に対する要求である。これに低きものと、高きものとある。浄土宗で行なわれている「助け給え」という念仏は、一生の間頼む意である。如来がどこで助けて下さるのか、いつ助けて下さるのかはっきりしておらぬ。我々は、このままでは地獄へ堕ちる外ないのであるが、如来のお慈悲で助けられる。有り難いことであると感謝ばかりしているのが真宗である。助かった上は、もう助け給えというに及ばぬことになる。請求の念仏とはかかる意ではない。初めは救われるためであるが、救われた後は、霊の糧を求めるのである。初めは乳の要求であるが、進んでは味よき物を要求する。

我等は如来より心の衣食住を与えられる。信仰ができても、捨て置けば退歩する。信仰が健全ならば、念仏を要求することが多くなる。活動中は、閑居の時よりも、多量の空気が要求されるように、活動的信仰には多くの念仏が必要である。

感謝の念仏――これは如来の大恩を思うて御名《みな》を称える念仏である。

咨嗟の念仏――何とも言うにいわれぬ広大なる如来の恩徳を感じた時の念仏である。

念仏中、霊感を得て声の出ぬことがある。この時は咨嗟《しさ》の念仏になる。悲しみ極まる時、言葉で説明せずに泣く。感謝の極みは言葉にならぬ。声になる。真宗の和讃の間に称える、あの長く引っ張る念仏は、お浄土の菩薩方が如来の威徳に感じ入って称える咨嗟の念仏をかたどったものである。

子供が一日よく遊べば、親は喜ぶ。青年に成って、一日遊び暮らせば、親は心配する。宗教も法然や親鸞の時代は、感謝の念仏でよかった。今日の宗教は救我《くが》で満足できない。度我を要求する。幸福だけでは満足できない。人格の完成を要求する。仏道修行のためには、娑婆の一日一夜の生活は、極楽の百年に優るという。今は、ここより外によい道場はない。ただ救われたいばかりならば、救われた上はいつまでも肉体上の不自由が失せぬこの世界で長居するは無意味である。作仏《さぶつ》を目的とするならば、一日も永くこの土《ど》に留まって修行するがよい。

お釈迦さまは人間の精神を改造するために出て来られたのである。度我は努力主義である。ただし、それは如来の光明が加わっての努力である。人生は努力する処に価値がある。念仏中の心持ちで平生仕事せよ。

燃え続いて消えぬ念仏が念仏三昧である。念仏三昧によって燃えついた如来の光明は永久に消えない。

思う心と思わるる心とが一つにならねば、大慈悲の力も、どうすることもできない。信仰が進めば、自分が如来の慈悲に救われたように、人をも救いたくなる。親の手助けができるようになる。如来に対する敬愛の情は、信仰の進むにつれて増す。敬により隔たり生じ、愛により引きつけられる。愛の初めは肉的であって、動物性に満足を与える。霊性より出た愛は美しくして内容は豊かである。

子を愛するは、親の慈悲に同化さすためである。卑しきものを愛すれば、人格が卑しくなる。信より来る念仏は益々澄み、愛より来る念仏は益々篤《あつ》くなり、念々に愛は増す。

(五) 信仰生活

宗乗を知るばかりでは、信仰心が生まれない。如来の実在を信じ、今現に、ここに在しますと思い、一心に念仏すれば、やがて信根生じ、愛の信仰が芽生える。

愛に三位あり。母子的愛。異性的愛。夫婦的愛。

母子的愛——初めは子が母を慕うが如くに、如来を愛慕する。人間相互の愛慕は生理的の自然である。如来と衆生との間にも、これと同様の関係がある。この愛は次第に発達する。我等が本来の親は如来であるが、肉の里親の方になついている。里親ができないことや、聞いてくれないことを本来の親は容れて下さる。一心に念仏すれば、慈悲のお育てを被り、如来に対して愛と親しみとを感ずるようになる。善導大師は衆生と仏の間には親縁《しんねん》、近縁《ごんねん》、増上縁という三縁ありと申された。生みの親に告げられぬことでも霊の親には何の憚りもなく告げられる。一心に如来を念ずれば、耳に聞こえぬけれども、心に答えて下さる。

異性的愛——法華経に「一心に仏を見んと欲して、身命を惜しまずば、仏、現前して法を説き給う」と。タゴール〔一八六一～一九四一〕は『暗室の王』という小説を書いて「自分（衆生）は王（如来）と結婚しているが、暗室の王なれば、まだ一度も夫の顔を見たことがない。ある人は言う『王は美男子だ』と。またある人は言う『王は恐ろしい顔の人だ』と。常に王に仕える人（三昧発得の聖者）あり、その人に王の姿を問えば『あなたは自分で見なさい。私があるがままに話しても、疑うでしょう』と答えた。また、なぜ王に仕えるかの問いに答えて『我が父は王のとりことなった。父の敵《かたき》に仕えるはなぜか、と聞かれても、わけが解らぬ』と」

これは全く事実を告げたものである。子供や親が死の王に捕われ、それが縁となって信仰に入り、如来に仕えるようになることを示したものである。逆縁の恩寵により信仰に入る人が多い。なぜこの人が逆縁により信仰に入ったか、わけが解らぬ。その事実を物語ったのが『暗室の王』である。

至心不断に念仏を相続すれば、まのあたり如来に対面できなくとも、罪障は次第に薄らぎ、心は練《ね》れてくる。見える、見えぬは如来の方にあることとなれば、対面の早晩に気をもまず、一心に如来を愛慕せよ。美しい感情が発達してくる。恵心僧都《えしんそうず》［源信、九四二〜一〇一七］の歌に

ぬれば夢さむればうつつかの間も　忘れ難きは弥陀のおもかげ

とある。

（六）第十八願の要は信と行

信とは心の据え方、行とは如来と我との間の働きである。欲生《よくしょう》とは光明中に活きんとの心。向上的生活を希《こいねが》う心。如来は衆生のために神聖、正義、恩寵の光明を放ち無量荘厳の浄土を構えてお待ち下さる。小さき虫や魚でさえ生きたい、生きたいと、生きるに役立つ食物は何でも

口に入れる。それと共に、他から食われまいとする。人は精神的に虫や魚よりも進んでいるから、順境に在る間は生きたいと思っているけれども、逆境に入れば死にたくなる。知識が進めば不平不満が多くなる。現在に不平不満を抱き、遠きを恐れ、取り越し苦労して自殺する。信仰に活きた人は形に捕われず、広い天地に活きているから、常に希望に満ち、幸福が身にあふれている。

欲生の念仏は力を与う。これに願作仏心と願度衆生心の二つある。仏の金色《こんじき》なるは黄金の如く完全円満なる人格を示す。人から何と悪口されても怒らず、犯されないことは、黄金の錆びず、腐らぬようである。しかるに我等の心は鉄の如く錆びやすい。世尊は如何なる場合にも麗わしきを変えられなかった。

一日の大事は食にあり、一年の大事は衣にあり、一生の大事は住にあり、永遠の大事は信仰にある。経［法華経］に「六道の衆生は貧窮《びんぐ》にして福慧なし」と。わが持ち物と思える物は、皆借り物であることを知らぬ。禅宗では、凡夫のことを守尸鬼《しゅしき》という。

赤子は母の懐が住家である。信者は如来の慈悲の懐に心を住ませている。ここも如来の大光明中である。苦はない。信者の大きな心は、小さい娑婆や地球世界に閉じ込まれていない。肉眼をもって見れば、娑婆であるが、瞑目すれば絶対無限の光明中である。美を尽くし妙を極めた浄土の生活である。即ち心は光明中に在って、身は娑婆の仕事をしている。

心の衣――生まれたばかりの心は汚れている。信仰に入り煩悩の汚れを洗わねばならぬ。袈《け》裟《さ》を懺悔衣という。裸体《はだか》ではみにくい。それで袈裟を着る。しかして心の上に懺悔の衣を着て常に自分を反省する。如来の大恩を知らず、感謝の念なきを懺悔する。慈悲、忍辱《にんにく》の衣を着ているると腹が立たぬ。「菩薩には一定した師匠はない。わが欠点を見て謗《そし》る人を師匠と思え」という教えがある。ほめる人に耳を貸してはならぬ。「もし悪人あって、わが肉をそぎ、骨を砕くとも甘露を飲む如く悦べ」と教えてある。

村上天皇の皇子であるという空也上人［九〇三～九七二］は、師なくして僧となり、常に金色の仏様の教えを受けたということである。上人がある日、四条大橋を通られた時、人の痰が顔にかかった。三、四丁ばかり知らぬ振りして過ぎた時、弟子がそれを見て「お師匠様、お顔にきたないものが着いていますが、御存知ありませぬか」と申し上げた。

上人「知っているけれども、もし直ぐそれを拭《ぬぐ》えば、あの男は気の毒に思うであろう。今、拭うてもよい」といって拭われたそうである。

第十八願の心

我等を完全な人にしてやりたい、精神的に親子としてやりたい、というのが第十八願の心である。

如来を我等がミオヤなりと信ずれば、愛情が起こり、仏心に同化される。経〔観無量寿経〕に「仏心とは大慈悲是《これ》なり」とある。これは信心の花である。心華開きて仏を見る。しかる後、意志的信仰となり、聖なる行為が現われ、信仰の実が結ぶ。

人の心は異熟性のものである。生まれた時は、さほど違わぬけれども、善悪いずれにも染まりやすき故、心の持ち方により後には大差を生ずる。

善悪の両方において、愛と欲とに執着心が起こる。念仏により如来と共ならば、地獄も厭わぬという執心が起こる。阿弥陀経に「執持《しゅうじ》名号」とあるは、阿弥陀仏のみ名を称えて仏を離れぬことをいうのである。

心の食物――信仰の家庭において、幼き児等が朝夕仏を礼拝するは、人が生まれる前に母の胎内で養われるに似ている。念仏に味わいを覚えぬけれども、それにより信仰心が生まれて来る。信仰が進めば法喜禅悦の妙味を感ずるようになる。

如来は心霊界の太陽にして、人格的に無量無辺の光明をもって念仏の衆生を育て給う。

至心に如来を信ず

真心《まごころ》は完全なる容器である。容器に欠くる処あらば、内容を保つことができない。至心は容器にして、信と愛と欲とは内容である。己を空しくして如来にお任せするから、如来の御心をそっくり受ける。月影が水に映る如く、如来のみ心が信心の水に映る。如来は我等を愛し給う故に、我等もまた如来を愛す。如来を愛するが故に融化され、心の内容が充実し、美化される。信心の華開いて仏を見、寝ても醒めても仏を離れず、願作仏心やむことがない。種が十分熟すれば、芽生える性を具えるように、信心が熟すれば往生の資格ができ、悦びの中に力強く生活ができる。

誠は偽らぬだけならばねうちが無い。誠に中身が無ければならぬ。にせ物の中身でも駄目である。

草木は太陽の光で育ち、信仰は念仏によって育つ。光明生活とは、光明の中で大きく成ることである。念仏する時、如来は我等の真正面に在りて我等を照らし給う。

光明を受ける次第は、初めの間、微々として感じ難い。如来の光明は常に輝いているけれども、生まれたばかりの我等に感じる力が弱い。信心の夜明けは、日の出の景色に似ている。夜明けの光は、まだ明るくない。光明生活に入っても、仏を背に負えば煩悩の闇である。闇の中では表裏がない。日が出ると表裏ができる。信仰生活の大光明中で、うっかりすると闇に堕ちる。念仏して常に光明に向かっておらねばならぬ。光明中に在れば力強く、大活動ができる。常に念仏し、声につれて仏を思え。心暗ければ人を疑い、鬼が出る。大光明中に鬼も蛇もない。光明は如何なる逆境をも照らす。極楽に往く人は常に光明に向いている。不平をいう者は六道に赴く。

月も日も西へ西へと入り相の　鐘は導く極楽の道

中井常次郎の聖者随行記（9）

両手

大正九年四月八日、京都光明会は著者の寓居で誕生した。当時、私どもは全国的に地の利を得た京都光明会を会の中枢機関たらしめんとの意気込みで、会誌『光明』を発行した。上人は「弥陀教義」の玉稿を賜り、大いに誌価を高めて下さった。それが貴重なる最後のご遺稿となった。春秋には大別時念仏会を開いて全国より篤信家を集め、統一をはかろうとした。されど京都光明会の歩みは平穏ではなかった。『光明』誌編集のことから幹部の間に意見の隔たりができ、不和をきたした。

二人の先達、その一人は立志伝中の勝者、渡世の術に長けた老練家であり、今一人は温室育ちで、コンパスや定規を友とし、数理の中に暮らしてきた単純な理想家である。彼等二人は光明主義宣伝の熱心さにおいてはいずれ劣らぬ者であったが、性格は全く異なり、ことごとに意見の相違をきたした。蚊野老人はこれを憂い、ひそかに上人へ事情を申し上げ教戒を乞うた。十一月十四日、蚊野氏は上人からのお手紙を二人に示し、拝読せしめた。

「……二人の性格は全く反対であるが、両手のごとく合わせれば、よく合う」

というお文を見て、彼等二人は共に顔を合わせて苦笑し、かつ恐縮した。

上人の滅後、自分は熟慮の末、工学界と惜別し、残る半生を伝道に献げんと決心し、大正十二年三月末、職を辞し、京都を去って故郷へ帰った。別れにあたり、かつて自分を弁栄上人へ結縁の手引きをしてくれた大恩人なる恒村氏に向かい、こう言った。
「お互いは光明会の栄えを願い、光明主義に帰依し、上人様にお仕えしたい心に変わりはないが、未熟のため、性格の相違から、共に手をとって働くことができないのはまことに残念であり、申し訳ない次第である。私は南葵の野に埋もれて純粋に上人様の蒔かれた信仰の種を培いたい。やがて共に心の垢が除かれて再び顔を合わす時が来たならば、また手を握り合う。それまでは別れて共に励もう」

はらからは木こり砂とり別れても　望みは同じ蓮のうてなぞ

【その十二】京都知恩院山内勢至堂別時

（大正九年十月十六日〜二十日）

（一）別時念仏の要領

二祖上人〔聖光房弁長、一一六二〜一二三八〕は宗祖に八ケ年付き添うた方であるが、別時念仏の心得について「念仏には所求（目的）なかるべからず」と述べられてある。

ロウソクに火のつくのは暫《しばら》くであるけれども、火はロウソクのなくなるまで燃え続ける。人に信仰の火のつくのは暫くの間であるが、その人一生涯光明生活となってこの世界で燃え、死後も永遠の光明として輝くのである。

動物生活のみならば、人生は闇である。如来の光明を受けるのが人生の目的である。心に如来の光明を燃えつかすのが念仏三昧の妙行である。十二月八日の暁方に如来の光明が釈尊のお心に燃えついたのである。元祖大師〔法然〕の心に燃えついた信仰の火は当時の人の心に燃え、今に輝いている。

月影の到らぬ里はなけれども　ながむる人の心にぞすむ

如来の光明はどこにでも照り輝いているけれども、外から見えない。信仰が燃えつくと見える。

「念仏三昧を宗となし、往生浄土を体となす」

一心に弥陀を念ずれば、自分と阿弥陀様とが一つになる。これを三昧という。闇と光明と合すれば明るくなる。

往生浄土に二つの意味がある。大原談義に、往生に「かわる」という訓がある。即ち往生とは弥陀の光明中に生まれかわることである。

生まれかわりに、心の生まれ更《かわ》りと身の生まれ変わりとある。お釈迦様の御在世中には、はっきり有余《うよ》と無余《むよ》の両涅槃があった。涅槃とは弥陀の光明の実現した世界である。その光明生活に有余と無余との二種ある。有余涅槃とは肉体を持ちながら、教えのままに修行せば、心は極楽の生活となることであって「心ひろく、体胖《ゆた》かなり」といっている。心が暗いと世の中は狭い。信仰心が開けぬ間は人の心は狭い。この五尺の身体を心の住居だと思っている。

「往生浄土を体となす」の「体」とは目的のことである。弥陀の光明を心に燃えつけるのが念仏三昧の目的である。

心の向け方を誤る時は、如何に努力しても信仰の火は燃えつかぬ。念仏三昧とは、一心に心を弥陀に向けることである。ロウソクを燃え火の上に持ち行けば、すぐ火は燃えつくけれども、信仰の火は業障《ごっしょう》、罪障のために、なかなか燃えつき難い。常に働いている五欲の心が表に在るから、一時如来の光明を感じても、なかなか心に燃えつかぬ。人に辱《はずかし》められると怒りの炎は直ぐ心に燃えつく。

一切の衆生は悉《ことごと》く仏性を持っているけれども、仏性は煩悩に覆われて光明に触れない。業障、罪障、煩悩障という三障が除かれると光明を感ずるようになる。この障は自力では、なかなか除かれない。一心に念仏すれば炎王光に照らされて障りは除かれる。

業障――生まれながら持っている障り

罪障――この世で造った罪の障り

煩悩障――煩悩があるから未来に罪を造り、そのために生ずる障り

聞けども聞こえず（説法を聞いても信ぜられぬこと）、見れども見えざる（聖者を見ても聖者とは思わぬ）は、初めて三悪道から人間世界に生まれた人であると経に出ている。これらの人々は説法を聞いても信じようとはせぬ。

どうすれば自分の罪を知ることができるか。弥陀の光明中に在りながら、信仰の火が燃えつ

かぬは、業障のためである。念々称名、常懺悔と懺悔の涙を流して障《さわ》りを除いて頂かねばならぬ。業障が薄らげば、光明を感ずるようになる。光明が心に燃えつけば、一生の間光明生活となる。即ちそれからの日暮らしは、極楽世界への旅となる。ロウソクは重さのない火に食べられてしまうように、三悪道の罪も如来の光明に食べられてしまう。

(二) 阿弥陀仏と心を西に空蝉の　もぬけ果てたる声ぞ涼しき

信心の水無き処に如来の光明は映らぬ。水月感応ということがある。信仰は澄める水の如く、如来の光明を反映する。念とはほとけ念《おも》いの心である。この心が次第に深くなれば三昧に入る。

(三) 第十八願

元祖大師の心に信仰の花咲き実を結んだように、我等の心にも同じ花咲き実は結ぶ。それは第十八願による。

信仰が進めば如来に対する愛楽心《あいぎょう》は深まり、感情的信仰となる。

願とは親が子に対する望みである。人が子に対する望みは、立派な世嗣ぎにしたいということである。如来の願は衆生に親の如く円満なる徳を譲りたいということである。四十八願のうち第十八願を除く外は、この肉体生活が終わって後、極楽で受ける有様を説いたものである。

摂《しょう》法身願――寿命無量、光明無量等一切諸仏が賞め称える徳を我等に下さる。

摂衆生願――浄土に生まれて天眼、天耳、他心、宿命《しゅくみょう》、神足《じんそく》、漏尽《ろじん》等の六神通を得、悉《ことごと》く皆金色の霊体を下さること、即ち不完全なる肉体を無碍自在なる霊体に取り替えて下さる願である。

私共が前世で犬であったとせば、死ぬ時、犬の五官を土に返し、今、人間として生まれ、新たに人間の五官を与えられたのである。そのように、今この身が死ねば、今度は本願により、浄土に生まれる時、六神通が与えられる。

摂国土願――犬であった時には、家も衣も食器も持たなかった。人間に生まれると、道具、財産ができる。今度、浄土に生まれると、徳を積めば、いくらでも美しい衣が、金がなくとも身に具わる。洗濯の必要なき衣が心に着せられる。かくの如く総ての物は死と共に取り替えられるけれども、変わらぬものは心である。

心に二種ある。この世に出てから覚えた心は、死ぬ時に皆土に返す。経に「庫中の財は、死ぬ時、置き去る」と。霊魂は取り替えられぬ。(仏教では、霊魂といわぬが、今は仮にこの名称を借る)第十八願は、人がこの世で生きている間に、浄土へ生まれるために実を熟させる方法を教えたものである。

修行の結果はアラヤ識という霊魂に実が結ぶ。人が死ねば、再び人間として生まれることは少ない。多くは三悪道に堕ちる。念仏の種を心田地に蒔けば、五根という信心の根が出る。それから信心開けて仏を見る。下品下生の人は臨終に蓮台を見て往生する。六大劫の間、花開かぬ。至心信楽《しんぎょう》の至心は至誠《しじょう》である。真実心である。これは心の土台である。誠とは偽らぬ心である。誠は形式であり、容器である。如来の慈悲という内容を盛る容器が誠である。真実心という容器に入れる内容物は信と愛と欲とである。うそを言わぬばかりの誠はなかみが無い。人に負けないように、一時励むとも、相手がなくなれば怠り、退歩するは、真実心が無いからである。

(四) 阿弥陀仏といふより外は津の国の　浪速のことも悪しかりぬべし

大師[円光大師法然]は十八歳にして既に天台の三大部を解する知識をお持ちになっていた。

天台の三大部が解れば、一切経の心が読めたといってよい程、大切なものである。それ故、大師は十八歳の時、一切経を理解する学識を持っていたのである。

その後一切経を五度繰り返して読まれた。また、唐から伝わった仏書を皆見られた。大師は釈尊一代の間に説かれた仏教の中、何れの道から入れば最も易く信仰に入り得るかと心配なされた。当時、宋にあるくらいの本や宗派は皆、日本にもあることを宗祖は知っていたから、あちらへ渡って調べる必要を認めなかったのである。かかる事情のもとに、大師は一代仏教より選択して開かれたのが念仏宗である。その選択の標準は勝易の二点であった、即ち念仏は法として勝れ、王位を占め、行《ぎょう》として易く、時所所縁を選ばぬ二利を兼ね備えている。法が如何に勝れても、行がむつかしければ、法の功徳を受け難い。また、行が易くとも、法にねうち無くば修行する価値が無い。

阿弥陀仏は万法中に念仏を選びて我が名を呼べと仰せられた。釈迦もまた、同じことを仰せられた。

念仏は何故、法において最も勝れているかといえば、念仏の一行に万行を蔵《おさ》め、名体不離《みょうたい》の故である。阿弥陀仏という御名《みな》の中には三身、四智、十力、四無畏《むい》、十八不共法《ふぐほう》等のあらゆる徳が含まれている。家といえば棟も瓦も、柱も一切が含まれているように、名号の中には如来の万徳が含まれている。

口も心も名号と一致せねばならぬ。仏の名号を称えると、何とお答えがあるか。どう聞こえるか。如来が「わが名を呼べ」と仰せられるから、御名《みな》を呼んだのに、お答えなきは、心がよそへ行くからである。選ばれた者にはお答えがある。そのお答えは、肉の耳には聞こえぬけれども、心に響く。大学に「心ここに在らざれば、見れども見えず、聞けども聞こえず」とある。声に聞かんとすれば、千年待っても聞こえぬ。至心に念仏すれば、慈悲のお答えがある。有り難い涙となって聞こえる。一心に念仏すれば、一々お答えがあるけれども、五蓋《がい》といって、五つの邪魔物があって三昧の障りをする。(五蓋とは貪、瞋、惛沈《こんじん》、疑、掉挙《じょうこ》の五つである)

(五) 月影の到らぬ里は無けれども　ながむる人の心にぞすむ

宗教の目的

わけのぼるふもとの道は多けれど　同じ高嶺の月を見るかな

この歌の通り、法性常楽の涅槃を得るのが宗教の目的である。仏法に八万四千の法門あれど、凡夫に向くは念仏の一行あるのみ。我々が動物生活をして地獄に堕つるを哀れみ、仏は我等のために念仏の法門を選んで下さったのである。

生活に大切なものほど安い。日光は電灯やロウソクよりも安くて明るい。そのように、凡夫がたやすく助かる法は易い。最も易い法が、最も高い。そのわけを知らぬから信じ難いのである。最勝にして最易の法門を発見することはむつかしいけれども、発見すれば行い易い。かかる易くて勝れた方法を見つけるために、お釈迦様やヤソは苦しまれたのである。

人生の目的は如来の光明を受けるにある。今の学者は自分等が造るロウソクの光でなければ、光でないように思っている。それは迷いである。

(六) 第十八願—至心信楽欲生

信心には真心《まごころ》が大切である。真心をもって如来を信ぜよ。知、情、意の三つをもって信ずるのである。信じ切った上は、自分の全部を任さねばならぬ。そうすれば、如来の総てを受けることができる。自分に都合のよい時だけ頼むというようでは帰命でない。片足だけ入れたのでは信心にならぬ。

愛の信仰には感情的に温か味がある。信仰が更に進めば、欲生《よくしょう》とて意志の信仰になる。即ち仏と成りたいという心が強くなる。

疑わぬというだけの知的信仰では、有り難味や温か味がない。ただ悦ぶのも信仰なれば、願作仏心も信仰である。信仰生活は進むものである。いつまでも変らぬようなものは生きていない。生きているならば、いつまでも胎内にいない。生きた胎児は小児となり、大人と成る。信仰も同じことである。

信は心の相である。天日澄水に映る如く、信仰ある人の心に如来の影が射《さ》す。信仰により、如来の慈悲が我が心に燃え移る。牛馬に、天地の恩を感じさせることができない。その代り、一日の働きに対して給料が少なくとも怒らぬ。人間になれば、初めて天恩を感じ、不平もいい得る。科学者は人も犬も同様に見ている。

人間を生理学や解剖学から見れば、元祖大師も我々凡夫も同一である。しかし宗教から見れば、大変違う。粗玉《あらたま》は光を反射せぬけれども、研けば皓々《こうこう》と輝く珠となる。野生の人即ち動物的人間には、如来の光明を反射する能力がない。牛馬と異ならぬ。

信心に十階あるけれども、今は仰信《こうしん》、解信《げしん》、証信の三階に分けて述べる。

仰信は初歩であって終わりである。この中にねうちがある。真受《まう》けすれば、十分なる力が与えられる。仰信から解信、証信と進むのであるが、証を得るのは一部分である。一分の証を得てから初めの仰信に帰るのである。

解信に二種ある。未だ信仰に入らずして、哲学の如きものにより、理を悟るのが一つ。また、宗派内の解信とて自分の領解《りょうげ》を求べて許を受ける流儀もある。いずれも道理上の信である。理を考えると如来の慈悲は入らぬ。理屈のために邪魔されることが多い。一心一向に信ずる方が慈悲を受けやすい。食物の栄養価や消化作用の理論を聞いたとて、食物の味わいを感ぜず、養いにもならぬ。理屈は知らずとも、好きなものを食べると、おいしくて体の養いになる。信仰も同様である。理屈ばかり聞いて喜ぶようでは、いけませぬ。

（七）我はただ仏にいつか葵草《あおいぐさ》　心のつまにかけぬ日ぞなき

信仰の形式と内容――仏に同化融合したことを信仰の内容ができたという。念仏しておれば、次第に如来の御心《みこころ》に叶うようになって来る。

感情の極みは言葉で表わされない。「ああ」という感動詞になり、歌でややその心が表わされる。この歌は、ほとけ念《おも》いの心を詠んだものである。

法に念仏と見仏と観仏とあるが、この歌は念仏を詠んだものである。観仏は理性を鎮《しず》め、心を澄まして仏を映す法である。念仏は感情的に如来を念《おも》うて救われる法である。親子の情を進ませる処に念仏の温か味がある。理性を澄ます観仏には温か味がない。

見仏――自分の力で、どうかして仏を見てやろう、というような心持ちでは、謙遜の徳を欠く故に宗教とならぬ。自分は地獄に堕ちるより外に道がないけれども、如来は救って下さる。有り難い、とお慕い申せば、次第に如来のお徳を受ける。何となく、お目にかかっている思いがする。信仰が進めば、仏が見えなくとも、仏前に在る思いがする。これを帰命相という。仏の実在を疑えば、仏名を称えても、念仏とはならぬ。信仰は愛と敬と並行すれば健全である。愛は引き、敬は隔てる。

(八) 阿弥陀仏と心を西に空蝉の　もぬけ果てたる声ぞ涼しき

一心を通せば、愚者でも終《つい》には目的を達することができる。凡夫が聖人に成る。これは凡夫の力でなく、如来のお力による。一心一向に念仏すれば、如来は光明を放って、私共の真正面にいて下さる。絵像を掛けるのは、心をまとめるためである。

（九）仏身円満、背相なし

人に感情がないならば、心配はないはずである。動物は先のことがわからぬ故に取り越し苦労せず、発狂もせぬ。自殺せず、罪を造ることもない。人間は先が、幾分わかる故に悩み、罪をも造る。しかし有り難いことには、病あれば薬がある。凡夫の心は汚れているから、これを浄めるために如来の清浄光がある。我等の心は闇《くら》き故に如来の智慧光がある。かくの如く自分の汚れ、悩み、罪を感ずるならば念仏して、それらを除かねばならぬ。

栗の実は未熟の間は渋くて食べられぬ。いいがあり、手のつけようが無いけれども、熟すれば、実は自《おの》ずから飛び出して来る、未熟の実を蒔けば腐る。

説教に二通りある。我々の罪や汚れを言って責めるのと、教え導くのとの二通りある。我等は地獄必定《ひつじょう》の凡夫なれば、如来を頼め、というのと、如来の光明を仰いで発育を願え、と教えるのと二通りある。

感情的信仰――我等は肉体のみ愛して、罪を造る不幸な者であった。その愛に、動物的なのと、理性的なのとある。我が子なるが故に、我が妻なるが故に愛するは動物的である。真理を愛し、博愛仁慈にして国を愛し、仁を為して身を殺す如きは理性的である。霊性は如来を愛す。宗教の中心真髄は感情にあって理にあらず。血の通う信仰は情にある。

執意的信仰の人は首を取られても如来を離れぬ。キリストは「神を信ずるとも、愛なくば、鳴らぬ鐘の如く、味わいなし」と。また「山を移すほどの信ありとも、愛なくば何かせん」とも言った。信仰が深くなれば愛となる。信は水の如し。愛生ずれば甘くなる。如来は我等を救って下さるから愛する、というのでは足らぬ。如来と共ならば、地獄に堕ちても厭わぬという程でなければならぬ。

愛は自然に生まれて来ない。育てねばならぬ。自分が育てた子と里子との間に、可愛さに違いがある。

宗教の終局目的は理屈を知ることでなくして、人格の完成にある。八万四千の仏の相好は、我等の感情的信仰を育てるためである。見仏は人格を高める。スマイルズ〔一八一二～一九〇四〕の『品性論』に「人格の同化」ということが説かれてある。画も同様である。総てに超えて如来を愛する者には、苦がない。その人は幸いである。己を愛すれば、六道に輪廻し、如来を愛すれば、永生を得る。

浄土とは如来の霊徳の現われた処である。如来と共ならば、地獄も厭わぬという心ならば、地獄が極楽となる。如来の在します処は極楽であるからだ。

（十）阿弥陀仏に染むる心の色に出でば　秋の梢のたぐひならまし

飾りなく仏に帰命すれば、心は仏に染まる。仏を念ずれば光明を被る。

徳本上人は「南無と言えば心は如来へ行き、阿弥陀仏と言えば仏は自分に帰る」と言った。念仏すれば、自分の心が仏の心と取り替えられる。念仏を怠ると、地金が出る。けれども、つとめて念仏すれば、いつの間にか心は仏に染まって来る。自分勝手がなくなる。

自分の知識に頼らず、愚鈍になって、如来に頼りなされ。仏を離れると五塵六欲に染まる。この心が清浄光に育てられて、六根清浄となる。今までは物質より来る表面的の喜びであったが、今は称名より湧き出る尽きぬ悦びを感ずる。

如来を信ずるほど大なる力はない。未だ悟らずとも、信ずることにより、悟れる者と等しい徳が得られる。人間道徳の善は、よき境遇の時に現われても、悪縁に遇えば悪となる。しかるに、如来と共なる心は、善のみにして悪がない。

如来の光明には美化、楽化、霊化の力がある。

（十一）如来の光明

これに心光と色光との二つある。色光は肉眼に見えないが、法眼を開けば見える。今いう光明は色光でなくして、心を照らす心光のことである。太陽の光は形の上を照らし、弥陀の光明は心を照らす。われらの心霊を永遠に活かすは弥陀の光明である。

如来に智慧、慈悲、霊化の三光明あり。智慧なき人は道を知らぬ。智慧光は人の心を明るくする。慈悲の光は人の心を温かくし、霊化の光は悪心を善化する。一心に念仏すれば如来の光明に触れる。正見《しょうけん》の人は人の見ると見ざるとにかかわらず、正しく行う。

念仏に請求《しょうぐ》、感謝、咨嗟《しさ》の三通りある。

正義の脚が弱いと最後まで正義を通すことができない。

愛に痴愛と智愛とある。痴愛は目先きの愛で、智愛は真の愛である。

念仏に救我《くが》と度我との二義あり。

(十二) 至心信楽欲生我国

念仏すれば信仰が進み、心は激しく働くようになる。愛と敬と調和すれば、正しい信仰となる。初めは子が親を慕うように如来を愛する。次に夫婦の愛の如くになる。如来を信ずる故に、仏種が蒔かれる。一心に念仏して真の信仰を得れば、身は凡夫なれど、心は尊い。

信仰の初めには、如来を大ミオヤなり、と聞くも、他人の親のように思われたが、次第に情が深くなり、自分の親のように感じて来る。

人間の欲望の中心は死にたくない、ということである。けれども、肉の永生《ようしょう》はできない。それ故、霊的に活きねばならぬ。

人の心に異熟性あって、善悪いずれにも変化する。三悪道は非人格、三善道は人格、四聖は霊格である。

凡夫は欲で働く。

（十三）極楽へつとめて早く出で立たば　身の終わりには参り着きなん

信仰生活の人は一日一日、極楽へ近づく。

凡夫の魂をアラヤ識という。アラヤ識で宇宙を見れば、どこまで行っても娑婆である。仏智をもって見れば、どこも極楽である。

三種の愛心——一、境界愛《きょうがい》。二、自体愛。三、当生愛《とうしょう》。境界愛の起こる時は、まだ目が見え、耳が聞こえる。自体愛の起こる時は、目は見えず、耳は聞こえぬ。当生愛の起こる時は、生まれる先のことが見えて、外の物は何も見えぬ。

馬に生まれる者は、馬の交尾の有様のみを見る。それに見とれて馬の胎中に宿る。馬が慕わしくなって、馬に生まれる。

人間として生まれる者は、夫婦の交わりを見て、人間が慕わしくなる。その心に引かれて人の胎内に宿る。

中有《ちゅうう》は死んで後、まだ生まれぬ間の身である。中有の身は、まばたきの間に、遠くへ行く。非業を遂げた者は、多く中有となって迷う。中有の命《いのち》は三、四日のもの、十日、一月、百年も迷っている者がある。

如来の慈悲の火の燃えつく処は、人の煩悩の外にない。犬や猫の心に如来の慈悲の光は燃えつかぬ。

念仏する目的は如来の光明を我が心に燃えつかすことである。如来の慈悲の火が、一人の人の心に燃えつけば、その人と交わる人の暗い心にお慈悲が燃え移る。

私共が呼吸する時、清き酸素がたちまち炭酸ガスになるように、念仏すれば仏は即座に我が心に入り給えど、すぐ煩悩となる。それ故、常に念仏せねばならぬ。

人は己が心を苦しめている間は、如来を忘れている。心が苦しいのは、煩悩の悪いガスが溜っているからである。

中井常次郎の聖者随行記（10）

悲報

大正九年十二月三日の夜、自分は上人遷化の夢を見た。その夜は明けて、思い出深き四日の朝となった。上人のすでに遷化せられしを知らずして正午となった。電報が配達された。

「弁栄上人遷化。七日密葬」

この思いがけなき悲報を手にし、妻と共にしばし無言。厳粛なる哀悼の感、総身に迫るを覚えた。我らはかくも早く上人の遷化に遇うとは思わなかった。いよいよ微力を集めてご遺業を継ぎ、光明主義の宣伝に奮起せねばならぬ秋《とき》が来たと思った。上人より頂いたお名号の軸を掛け、香灯を供えてお念仏を申した。

今、忘失の弊を憂い、後日のために、恩師の言々句々を筆録せり。ここに備忘録を整理し、恩師教戒の片鱗を有縁の友に贈る。覚者の一句一偈も仰ぎ信じて行なえば必ず開悟すべし。ただ精進あるのみ。

「如来は……いつもましますけれども……衆生は知らない
……それを知らせに来たのが……弁栄である」

『日本の光（弁栄上人伝）』五九五頁

弁栄聖者御筆《出山釈尊像》（個人蔵）

大ミオヤより命ぜられたる宗教革命の準備に働らくことにつきては実に不惜身命にて候。

今に遠きか近きかはしらず、宗教の革命は必ず来るべき物とおもへば、うれしくも感じられて候。（中略）

さて何にしても頓《やが》て来るべき宗教革命の期《き》までの仕事を只むだに働らきて居るか真実其準備として働きて居るかの二つにて候。

『お慈悲のたより　上巻』二八〇～二八一頁

【資料】

光明会趣意書

光明主義の御教えは大ミオヤなる阿弥陀如来の光明を現在を通して獲得し、光明生活を実現することにある（即今当念弥陀合一の念仏）。弁栄聖者は明治四十五年頃より光明主義の名で伝道されておられるが、時代に即応した宗教としてこの法門を開闡《かいせん》されたのである。ここに掲げる御文書は大正三年に一枚刷りで頒布された『光明会趣意書』である。次いで翌大正四年に『如来光明会の趣意』なる御文書が発表された。

この教団は如来ちょう唯一の大御親《ミオヤ》を信じ其慈悲と智慧との心的光明を獲得し精神的に現世を通じて永遠の光明に入るの教団なり。其大御親とは宇宙唯一の霊体にて心霊界の大日輪なり。明治天皇の「朝な夕な御親の神に祈るなり我が国民《くにたみ》を守り給えと」「目に見えぬ神のこころに通うこそ人の心の誠なりけり」との御製は畏くも其御消息と拝し上《たてまつ》る。また孔夫子《こうし》が天道と呼給いし同じく唯一の大御親の別号に外ならずと信ず。凡《およ》そ一切の人類は其大御親の分子たる仏性は具すれども大御親の慈悲と智慧との光明によらざれば霊性を顕彰すること能わず。この永遠不滅の霊活なる大御親の実在と其真理なることを実証し給う教祖釈迦牟尼《しやかむに》仏は殊に明かに其大光明に接触するの道というべき八万四千の法を説き給えり。この大光明を八万の方面にわたりて教え給いしは恰《あたか》も太陽の光は一なれども照らさるるものは無量なるが如し。

されば吾人が仏陀の教《おしえ》に信頼して信念功を成ずる時は必ず霊的光明に感触して無明の夜あけて光明界中の人と成りぬべし。然してこの光明中の人となれば自《おのず》から大御親の聖寵により清き心の御子となるが故に相互に真実親愛の情を以て相待するに至るべし。人たるものこの天地間に生をうけ万物の霊長たり此光明を獲得せずして可ならんや。曽て聞けり世の進化の順序は喩えば人の道を歩行するに両脚の互に運びて進むが如しと。人の精神の働きを内外両面に分かてば先ず教育政治等のすべて外部に向って働くべき方向とまた宗教家庭道徳等の内部に向かってつとむべき方面とあり。顧《おも》うに今や吾国民は外部の文明は長足の進歩を以て発達し今日の隆盛を見るに至れり。是よりは宗教及び道徳等の方面に於て大に進むべき時期到来せり。長らく眠り居りし国民の内的霊性が覚醒せざるべからざる暁は近づけり。宗教は人類の内的生活を高尚にしまた正善にし且幸福を感ぜしむるものなり。ここに於て吾人は時機相応の信仰的団体を結び共に教理を研究しまた信念を修養して互に相提携し真理の大御親の聖意《みむね》に称《かな》う清き同胞として光明の裡に生活し現在を通じて精神的に永遠の浄界に進行するを目的とせん。願くば吾が敬愛せる清き同胞衆生よ吾人は相互に弟たり兄たり共に携えて大御親の光明の大道を進まんことを望むものなり。茲《ここ》に教団を結び其目的を達せんと欲する所以なり。

主唱者　仏陀禅那　弁栄

如来光明会の趣意

釈迦如来此世に出現し玉う本意は、一切衆生の為に心霊界の太陽なる永遠不滅の無量光如来の本願力を教えて衆生の心霊を復活し、現在を通じて永遠光明の人と為さしむるにあり。

願わくは吾が同胞衆よ、受けがたき人身を受け値《あ》いがたき仏法に遇いたり。幸いに如来大悲の本願を信じ光明の生活に入り意義ある人生前途に光明を認めつつ向上の一路に共に共に進まんところの此会に入り共に無上の法味を味わい、互に相勧め相扶《たす》けて善道に進まんことを望み普く世の有縁に勧むるものなり。ナム。

大正四年五月

仏陀禅那　弁栄

弁栄聖者略伝

大ミオヤの無尽の大悲に催されて、此の土に輝き出でたまいし弁栄聖者は、安政六(一八五九)年二月二十日下総《しもふさ》の国鷲《わし》の谷《や》の念仏者山崎嘉平氏の長男に生を受けたまう。家に在りて農事に励み学業を好むこと世の常ならず、十二歳の時弥陀三尊を空中に想見して憧憬《あこがれ》の念に堪えず、ついに明治十二(一八七九)年二十一歳にして出家の素志を遂げ、近村東漸寺の碩《せき》学《がく》大康上人に師事し、毎夜熟睡三時間の外《ほか》は雑用に学問に忙しく、貫くに念仏一行《いちぎょう》昼夜断え間なく、ある時は手の平に油を入れこれに浸したる灯心を灯し、ある時は腕の上に線香や蝋燭を灯して仏前に供え、もってその忍力《にんりき》仏道修行に耐えうるやを試したまう。東京に遊学して卍山《かずやま》上人につきて華厳を修めしなかばには法界《ほっかい》観の三昧《さんまい》円かに現前し、明治十五(一八八二)年筑波山に籠《こも》りて至心念仏の暁には見仏三昧了々と発得《ほっとく》したまう。爾来《じらい》一挙一動全く仏法に相応し、施、戒、忍、進《じん》、禅、慧、欠くることなく、大康上人の意を継いで五香に新寺創立を志し明治二十七(一八九四)年本堂落成にいたるまでは、雨漏る廃屋《あばらや》に夜も灯なければ線香の火を頼りに聖画を描き、厳寒にも重ね着せず藁《わら》を積んで布団となし、超然として勇猛《ゆみょう》に称名したまう。建立寄付も一人一厘の結縁《けちえん》として遠近を行脚《あんぎゃ》中もし貧窮者に遇《あ》えば月日重ねて喜捨を積みし金米全部これに施して、さらにまた一厘より勧進を始めたまう。道を踏むに蟻はもちろん若草まで懇《ねんご》ろにこれを避け、大康上人の訃音に接しては即座に報恩別行に入って不臥念仏一百日に及びたまう。さらに一切経を読了し、明治二十七（一八九四）年インドに渡りて大聖釈尊の御蹟《みあと》を巡拝し、帰朝しては東西に巡教し阿弥陀経図絵を施したまうこと二十五万余部、普く米粒名号を施してかりにも一声称名の縁を結びたまうこと実に無数、難化《なんげ》の有縁《うえん》一人のためにも数年方便してなお措《お》かず、寺の礼遇を辞《ことわ》りわざわざ下男室に夜を明かして勧化の縁を求め、夜寒の町に貧者を訪れては当日供養をうけし下着を脱ぎ与えて如来の大悲を喜びあいたまう。日ごと夜ごとの伝道に疲れし色もなく、忙中にわずかの暇を得ては如来の尊像教化の御文に筆を運び汗血のにじむ慈悲の雫《しずく》が幾千枚、その奉謝の金はことごとく会堂の創建となり学園の創立となり数万の文書数十万の礼拝儀《らいはいぎ》の施本に充てたまう。食卓の上浴室の中いたる所皆説法の道場にて、一所不住の年中巡教極寒極熱一日の休養もなき間に宿所の縁に随っては古今の書籍近代科学にいたるまで孜々《しし》として研《きわ》めたまい、また画、歌、音楽、五筆の書等諸技ことごとく利生《りしょう》の方便ならざるなし。霊応内に満ちて、念々不捨寝息まで自《おの》ずから称名するほどなりし間にも説法にあらざれば読書、読書にあらざれば書き物、実に一寸の光陰もなすことなくして過ごしたまうことなく、集まる浄財はことごとく利他の用に供えて反古紙《ほごがみ》一枚をも節約してその裏に原稿を書きたまう。一切の時一切の所、ただこれ仏作仏行、寸隙なきその御行状に接しては初め尊大に構えし人も皆恭敬《くぎょう》してその教えに額《ぬか》ずかざるなく、諸宗はもちろん耶蘇《ヤソ》教の牧師にいたるまで発心《ほっしん》してその門に入る。首唱したまう光明主義の光万民に被るところ、念仏三昧各地に盛んに行なわれ、入信の行者幾万皆ことごとく値遇の御恩に感泣《かんきゅう》して尽未来際の願行に奮い立つ。越えて大正九（一九二〇）年吹雪に更くる北越の夜寒身に沁む勧化の旅に老いの御声に尽きぬ如来のお慈悲を伝えて最後の三昧会《え》を木枯らし悲しき柏崎に導かれたまいし十二月四日遷化したまう。

仰ぎ惟《おもんみ》れば内証甚だ深く外用《げゆう》また広大に、全分度生の無我の力が無作《むさ》の精進に顕れたまう弁栄聖者の御一生は、如来光明のさながらの反映に在《ま》しませば、誰か大慈悲の霊応を仰がざらん。誰か光明の摂化を信ぜざらん。

—田中木叉謹誌—

後注

本書は中井弁常（常次郎）居士著『乳房のひととせ』上巻（昭和九年脱稿・昭和三十六年印刷の第三版）および下巻（昭和十七年十月脱稿・同十八年印刷の初版）を底本とし、その「聞き書き」の部分を抜き出してまとめたものである。巻頭の「出会い」は上巻一～五頁、七～一〇頁よりの抜粋である。コラム「中井常次郎の聖者随行記」はそれぞれ下記の頁からの抄出である。(1)上巻五二～五五、(2)同五七～五八頁、(3)下巻二三〇～二三四頁、(4)上巻一五八～一六二頁、(5)下巻四二～四四頁、(6)同九八～一〇二頁、(7)同一〇四～一〇七頁、(8)同一一一～一二〇頁、(9)同二三六～二三八、(10)同二八六～二八八頁。

資料編の「光明会趣意書」「如来光明会の趣意」は光明会本部聖堂刊行の『光明主義玄義(ワイド増訂版)』八七～九〇頁から再掲した。

編集に当たっては現代仮名遣いとし、旧漢字を現代常用漢字に改めるなどのほか、明らかな誤植と思われる箇所を修正した。［　］内は編集部による註。

文献案内

■仏教史上に一紀元を画した山崎弁栄上人（一八五九～一九二〇）の主要著作は現在光明大系として復刻され、光明会本部聖堂（〒六五九―〇〇一一　兵庫県芦屋市六麓荘町二〇―二〇　電話〇七九七―二二―四九〇一）から出版されている。以下に書名とその内容梗概を記す。

『如来光明礼拝儀（付）聖歌集』は光明主義の最も基本となる聖典。

『人生の帰趣』は人生の帰趣、大ミオヤ、十二の光明、安心と起行、念仏三昧、光明生活について詳述する。平成三十年四月に岩波文庫版が刊行された。令和二年一月第三刷。

『光明の生活』は三縁、五徳、三相を解説し、光明の御恵みをうけし生活及び霊魂有無説を明かす。

『無量光寿』は近代哲学と仏教、光明主義の本尊観、その体大法身の主質、神の超越と内在、無明と一切能の説明をおさめる。

『無辺光』は大円鏡智、平等性智、妙観察智、成所作智の内容を解明し、悟りへの道及び仏教の世界観を説く。（なお別に昭和四十四年に出版された講談社版があるが現在古書でしか入手できない。）

『無礙光・無対光』は仏教各宗の仏心仏土論及び衆生の霊格を作るみ力と、衆生に正覚と涅槃を証せしめるみ光について述べる。

『炎王光・清浄光・歓喜光・智慧光・不断光』は感覚、感情、智力、意志の人間心理の四機能に対する解脱霊化を説明する。

『不断光・仏法物語』は廃悪進善のみ光を解説するとともに、仏法により復活した人々の珠玉の逸話を集める。

『難思光・無称光・超日月光』は初発心より霊的生活の向上過程を、すなわち喚起（萌発）、開発（開花）、体現（結実）の三階位を明らかにする。

『お慈悲のたより』はお手紙の形でのわかりやすき御説法を集める。

『道詠集』は一四〇〇首に及ぶ和讃、道歌を集大成したものである。

このほか小冊子として、法然上人の真精神をその和歌を通して講述された**『宗祖の皮髄』**、**『光明主義玄義』**、**『礼拝儀要解』**、**『自覚の曙光』**、**『大霊の光』**、**『弥陀教義』**、**『啓示の恩寵』**、**『阿弥陀経図絵』**、**『十六観相』**等々がある。

■右記大系の整理編纂の任にあたられた田中木叉上人（一八八四〜一九七四）のご苦心とご麗筆とになる弁栄上人のご伝記**『日本の光 - 弁栄上人伝』**（光明修養会刊）は、弁栄上人と光明主義を知る上で最も基本となる必読の書である。

■二祖笹本戒浄上人（一八七四〜一九三七）の著作および多くの法話等の速記録、ならびに随聞録等々は**『笹本戒浄上人全集』**（全三巻）と同**『別巻』**（戒浄上人伝等）で読むことができる。また泉虎一氏により忠実に記録された上人のみ教え**『光明主義注解』**（一巻）、及び上人との質疑応答をまとめた**『光明主義玄談』**（全四巻）がある。単行本としては、法話録**『真実の自己』『礼拝儀講話』**（うぶすな書院刊）が出版され現在は本部聖堂に在庫があり入手可能である。

■大部の**『百回忌記念墨跡仏画集』**（解説金田昭教）が弁栄上人百回忌記念事業の一環として出版された。申込みは一般財団法人光明会事務室（〒四七〇—二二〇四　愛知県知多郡阿久比町宮津字宮本七三番地谷性寺内　電話〇五六九—四九—四〇〇一）

■その他光明主義関係の出版物等は上記光明会本部聖堂や一般財団法人光明会から多数刊行されている。

『山崎弁栄　光明主義講話　大悲のことば』刊行によせて

（宗）南葵光明会代表役員
元紀陽銀行監査役
奈良鑑真文化交流協会顧問
池田常山

私どもの師父・仏陀禅那弁栄聖者の直弟子であられた中井弁常（俗名＝常次郎）先生の貴重なご著作が、このたび有志の方々によって再編集され復刊される運びになったことを喜び、著者中井先生の紹介を兼ねて感謝の意を表したく思います。

わが南葵光明会の創設者・中井常次郎居士は、明治二十一年、和歌山県海草郡亀川村で旧家の次男として出生。和歌山中学、第三高等学校を経て東京帝国大学工学部機械科を卒業後、大正六年、京都帝国大学工学部機械科講師として奉職されました。先生は西本願寺の門徒として信仰の篤い家庭で成育されましたが、長ずるにしたがい専攻する自然科学に照らして、従来の浄土教で説くような西方浄土など現実にあり得ないという思いが強くなり、仏教信仰を失われる状態となりました。そのような中で、縁あって大正八年九月、近世の大徳弁栄聖者に値遇、何とも形容のできぬ霊気に打たれるとともに、今まで一度も聞いたことのない法話内容に接して驚きと開眼の思いあり、ここにあらためて深く仏門に帰依。その後菩薩戒を受け、弁常と法名を授けられました。翌大正九年十二月、心の親と頼む師父聖者のご遷化という霹靂《へきれき》に遭い、悲嘆の中で熟慮の末、残る半生を恩師の偉業の伝播に捧げ以てその大恩に報いんとの決意を固

中井弁常（常次郎）居士

められます。周囲から「大学に残って引き続き教鞭を執るように」と慰留される中、「工学の研究は他の人でもできる、しかし光明主義の宣布は他の人にはできない自分の使命だ」と心を決めた先生は大正十二年三月末日をもって京都大学を依願退職、故郷の和歌山に帰られ、四月十五日、南葵《なんき》光明会を発会されました。当時、和歌浦で寓居を構えていた武者小路実篤ご夫妻が中井先生宅を訪問されています。その後、戦時中を経て昭和二十一年にご逝去になるまでの先生のご活動については、拙著『永遠之光』（平成二十三年、宗教法人南葵光明会刊）に詳述しています。

先生が亡くなられた当時、私、池田は松山高等学校の一年生でした。たまたま学校の図書館で先生のご著作に接した私は、著者の中井常次郎という方が同郷の和歌山と知り、帰郷の折に先生のご自宅を訪問したのですが、奥様の梅子様に出迎えられ、中井先生が前年に亡くなられたことを知らされました。残念ながらご生前の先生にお目にかかることは叶いませんでしたが、これがご縁となって、帰郷のたびに例会に参加するようになり、昭和二十七年に京都大学を卒業して郷里和歌山の紀陽銀行に就職した私は、南葵光明会の責任役員の一人として活動に参加させていただくようになりました。紀陽銀行を定年退職後、正規の役員として銀行に留まっていては宗教法人の代表役員となれないため、銀行のほうは非常勤の監査役にしていただき、その時から南葵光明会の代表役員を引き受けさせていただいて今日に至っています。南葵光明会を発足させて下さった中井弁常先生の御恩を胸に、今日まで細々ながら活動を続けてこられたことを、まことに有り難く思っております。

中井先生のご遺作『乳房のひととせ』（上下二巻）は、先生のご生涯の転換点となった弁栄聖者との邂逅《かいこう》、つづいて聖者の全国ご伝道への随行というこの上なく貴重濃密な一年を回想しつつ、直々に賜わった数々のご法話の丹念な筆記録を盛り込んだ、他をもって代えがたい著作であります。このたびの復刊では、この書の中から聖者の法話録を中心とし、随行記の部分からはいくつかのトピックを抜粋してコラムの形にしていただいていますが、これらのコラムの中には、先生の志を継がせていただいている私どもがいま読むと涙なきを得ないものがあります。

この書が、いまだ光明主義をご存じない方々の目に留まり、正しい仏教に触れるよすがとなれば、こんな嬉しいことはありません。編集実務の労をとって下さった有志の方々に厚く感謝申し上げます。

令和元年師走

合掌十念

山崎弁栄《やまざきべんねい》　光明主義講話《こうみょうしゅぎこうわ》　大悲《だいひ》のことば

発行日　二〇二〇年三月二十六日
著者　山崎弁栄《やまざきべんねい》
記録　中井常次郎《なかいつねじろう》
企画・編集　光明主義文献刊行会、南葵《なんき》光明会
発行者　足立欣也
発行所　株式会社求龍堂
〒一〇二―〇〇九四
東京都千代田区紀尾井町三―二三　文藝春秋新館一階
電話　〇三―三二三九―三三八一（営業）
〇三―三二三九―三三八二（編集）
http://www.kyuryudo.co.jp
印刷・製本　図書印刷株式会社
カバーデザイン　近藤正之（求龍堂）
DTP組版　山田政彦
編集　深谷路子（求龍堂）

ISBN978-4-7630-2009-3　C0015